人人都用心理学系列

一本可以让你进行有效沟通的案头手册

微沟通

细节决定沟通成效

安航涛◎著

MICRO COMMUNICATION

那些看似不起眼的行为策略、语言技术，恰恰是可以真正影响沟通质量的关键点！

机械工业出版社
CHINA MACHINE PRESS

《微沟通》是一本关于沟通的心理学著作。全书系统地论述了在人际关系中，我们应该如何去和他人沟通的问题。

本书结合了大量心理学前沿理论以及实际案例，侧重点是沟通中的具体问题，即具体问题点的沟通方法和要领。全书系统地归纳整理、总结了沟通活动中最容易出现的问题，在这个基础上指明了沟通的要领和方法。相信读者在阅读本书以后定会成为一位说话有水平、沟通有力度的人。

图书在版编目（CIP）数据

微沟通：细节决定沟通成效 / 安航涛著．—北京：机械工业出版社，2013.1（2015.5重印）
（人人都用心理学）
ISBN 978-7-111-41124-6

Ⅰ.①微… Ⅱ.①安… Ⅲ.①心理交往—通俗读物 Ⅳ.①C912.3-49

中国版本图书馆CIP数据核字（2013）第008328号

机械工业出版社（北京市百万庄大街22号 邮政编码100037）
策划编辑：解文涛 责任编辑：解文涛
责任印制：乔 宇
保定市中画美凯印刷有限公司印刷

2015年5月第1版·第5次印刷
170mm×242mm·14印张·1插页·206千字
标准书号：ISBN 978-7-111-41124-6
定价：32.00元

凡购本书，如有缺页、倒页、脱页，由本社发行部调换

电话服务	网络服务
社服务中心：（010）88361066	教材网：http：//www.cmpedu.com
销售一部：（010）68326294	机工官网：http：//www.cmpbook.com
销售二部：（010）88379649	机工官博：http：//weibo.com/cmp1952
读者购书热线：（010）88379203	**封面无防伪标均为盗版**

前言
PREFACE

优质沟通源于细节

沟通是人际关系的核心。一个人如果没有优质的沟通就不可能有好的人际关系，而没有好的人际关系，其生活和事业的发展必定会受到诸多限制。因此，与人沟通的能力是一个人取得生活和事业成功的关键因素之一。

那么，优质的人际关系到底来自于哪里呢？如果你注意观察身边善于沟通的人，你就会发现他们都是注重细节的人。成功的沟通来源于对细节孜孜不倦的追求。

一个成功的沟通者与一个失败的沟通者的区别就在于前者注意到了沟通中的细节问题，并且有意识地去处理细节问题；而后者则往往一方面对细节缺乏足够的意识，另一方面也没有主动去处理细节问题。

成功的沟通需要对细节的精雕细琢，就像苹果公司，其生产的产品为什么那么受欢迎，原因就在于苹果对产品细节的追求。通过对一个个细节问题的关注和处理，才成就了一个苹果神话。

如果一个公司缺乏对细节的意识和关注，它就不可能造出优质的产品。同样，如果一个人缺乏对细节的意识和关注，他也不可能跟他人有良好的沟通。因为产品和沟通的一个共同特点就是细节的积累。

一两个细节的不同固然不能决定一个产品或者一次沟通的成败，但正是这种细节的积累造就了优质产品与劣质产品、良好沟通与不良沟通之间的巨大区别。从这个意义上说，几乎所有的成功都不是一蹴而就的，都是源于这种细节的积累。

本书正是从这种视角出发，从沟通中难以被察觉的细节问题出发，阐述细节沟通的重要性，提升广大读者对于沟通中细节的意识。读者一旦养成了注重细节的习惯，就会发现自己的沟通变得越来越高效。

当然，这个过程不是短期速成的，还需要经过一段时间的练习，把关注细节变成沟通习惯。只有这样，才能切实持久地提高自己的沟通能力。具体来说，本书具有以下特点：

1. **探讨了细节对于沟通的不同方面的影响**

比如，书中谈到了与陌生人沟通过程中的细节问题的处理，如何找到话题的细节问题，如何通过细节获得他人的好感，如何轻易说中对方的心思，如何有效回应他人，以及赞美、获取信息、批评、建议请求、说服等方面的细节问题，从细节上对这些问题进行了分析。这样可以有助于提高读者对于这些细节问题的意识，并在沟通中养成注重细节的习惯，从整体上提升自己的沟通能力。

2. **与现实生活紧密联系，可以作为随身参考手册使用**

本书的内容都是读者在日常沟通中可能会遇到的问题或者困惑，内容具有较强的实用性，读者看后就可以应用于自己的人际沟通过程中，用于改善自己的人际关系。

总体来讲，本书在带给读者阅读乐趣的同时，力图做到与实际生活紧密结合，使读者可以将书中所学切实地应用于自己的人际沟通过程中，改善自己的沟通能力，促进自己的人际关系。

由于篇幅所限，本书只是涉及沟通中最经常会遇到的问题，难以涵盖沟通中可能存在的所有问题。另外，由于作者能力有限，书中难免会有所纰漏，肯请各位读者批评指正。

目录
CONTENTS

第1章

别怕和陌生人说话

沟通是一个从陌生到熟悉的过程，如果你跟陌生人无法有效地沟通，那么你就无法认识和结交朋友。

【微沟通 1】搭讪应该从哪边搭

和对方搭讪时，不要从正面出击，这样很容易引起对方的戒心。从左边或右边搭讪，对方停下脚步的可能性会大大提升，成功率也高。

那么，是从左边出击还是从右边出击呢？这里面有着什么样的技巧呢？技巧其实很简单，那就是看包。

女性的包在生活中不仅可以用来装各种私人物品，而且可以给女性带来安全感。女性走在大街上时，一般都会将自己的包偏在一侧背着。这里面就有一个小秘密，女性的包偏向哪一侧，哪一侧就是女性缺乏安全感的一侧，这时她的包就有隔离和保护自己的作用。

而女性的身体没有遮挡的那一侧，则是她有安全感的一侧。所以，如果你从对方没包的一侧搭讪的话，会使你们的沟通更顺畅，她对你的态度也会更好。

而如果你从她背包的那一侧搭讪，则会无意中把自己放在对方防卫的位置上，为你们之间增加了包这样一个阻隔物，从而引发对方对你的不信任和防御，这种心理很多时候是在无意识中产生的。因此，搭讪要记得从没包的一侧搭。

【微沟通 2】搭讪应以问题为开始

搭讪应该以问题而不是陈述作为开始，因为你搭讪的目的是获得对方的回应。如果你只是简单陈述，对方很可能不会有任何回应；而如果你向对方提出一个问题的话，对方就有可能回应你。

男生："我去灵山，灵山据说还不错。"

女生沉默，因为不熟悉，女生不好对男生的陈述作进一步的评论。

男生："我去灵山，灵山据说还不错，你也要去那里吧？"

女生："嗯。"

男生："你之前去过吗？"

女生："去过一次。"

随后两个人自然展开了谈话。

因此在搭讪陌生人时，应尽量以问句去搭讪，而不是以陈述句去搭讪。

一般在还不熟悉彼此的情况下，人们不会主动评论对方的陈述，因此陈述句往往难以得到对方的响应，而问句则更容易使沟通进行下去。

【微沟通3】用幽默去搭讪别人

搭讪的方式和语言的效果如何，还需要在现实生活中进行检验。

男生A问道："同学，请问现在几点?"

MM看表后说："八点半。"

男生A一脸惊讶地说："啊～～我的表也是八点半，你说我们是不是很有缘呢?!"

我们缺乏幽默的细胞，但我们并不排斥它。被搭讪的女孩在这种无厘头的搞怪中，多半是不会生气的。接下来，只要男生说一些能与对方对得上的话题，基本上就可以成功地聊开了。

【微沟通4】以直接的方式搭讪

如果你的形象本身就不算十分端正的那种，脸皮也够厚，心理素质又够好的话，不妨用更直接的方式与对方搭讪。其实，坏坏的感觉不一定让人讨厌。

"小姐，你踩到我的脚了。"

"没有吧，我离你那么远。"

"我是说，如果你把脚不小心放在了我的脚上，就是踩到我的脚了。"

当然，这种搭讪绝对会让你获得"神经病"的称号，但这并不意味着对方真的有多么讨厌你。只要你愿意承受这样的称呼，并通过类似的话术不断地冲击对方的心理，也不能说这种方法就一定不行。

【微沟通5】通过仪表仪容影响对方的潜意识

在交往时，对方在45秒内就会对你产生第一印象，这种印象会影响或支配对方与你的交往策略。

销售员王显临近九点时满头大汗地赶到客户那里，客户见了他不禁皱起眉头。原来王显因为救人弄脏了衣服，也因此耽误了时间，是跑着去见的客户。所以在到达时，他的头发较乱，汗渍还挂在脑门儿上，客户感到非常不满，便推托有事，将王显支走了。

可见，在人际交往中要获得对方的好感，就必须给对方留下良好的“第一印象”，激发对方对你潜意识的认同。

对于男士和女士，在修饰外部形象方面，要注意的小细节是不一样的。对于男士，要注意通过以下小细节来改善自己的形象：

- 胡须、头发要每日清理。
- 别让脸过于油腻。
- 要经常保持身上无异味。

对于女士，以下一些小细节也是不容忽视的：

- 衣服要得体大方，忌过于花哨。
- 化妆要化自然的淡妆，忌以浓妆示人。
- 塑造气质，自信温婉的女性最受欢迎。

【微沟通 6】 初次见面多使用开放式提问

第一次见面，应该多用开放式提问的方式和对方进行沟通。如果用太多“是不是”或者“要不要”之类的提问方式，表示对对方有很多猜测和先入之见，会给对方留下比较唐突和武断的印象，自然也就不利于更好地了解对方了。

所以在第一次与他人交往中，应该尽可能地多用开放式提问，这样也可以给予对方畅所欲言的交流情境。比如，可以问“您的家庭情况怎样”或者

“你有什么爱好”。在第一次的沟通中，开放式提问可以让对方敞开思维，放松戒备，把自己的想法尽可能地讲出来，从而有助于我们从更多的角度与对方沟通，更全面地了解对方。而如果采用“是不是”的提问方式，只能得到对方“是”或者“不是”的回答，这样很容易使谈话陷入僵局，这也是与他人进行初次沟通的大忌。

【微沟通7】递名片也有讲究

初次见到对方，亲切地打招呼以后，要将自己的名片递给对方。递接名片时，要注意以下礼节。

- 名片夹应放在西装的内袋里或公文包内，而不应从裤子口袋里掏出。
- 递名片时要把名片的正方面对对方，用双手、微欠身子恭敬地递上。
- 如果是坐着，尽可能起身接受对方递过来的名片。
- 双手接过对方的名片，阅读名片内容，并口头确认。
- 在接受对方的名片后，一定要把名片妥善地放置好。

在递接名片时，如果能注意到以上几个方面，就可以为后续的沟通做好铺垫了。

【微沟通8】问一些新鲜问题

在与陌生人沟通时，人们一般会想知道对方是做什么工作或者住在哪里等，比如“你是做什么的”、“你住在哪里”之类的问题。但是问这样的问题会给别人“查户口”的感觉。

特别是面对异性的时候，尽量不要以这样的问题开始谈话，一开始就问异性这些问题会让对方觉得你古板无趣。可以找一些新奇有趣的问题，比如最近有些很热播的娱乐节目或者电视剧，问问对方看后有什么感受，然后分享一下彼此的感受。

这比“查户口”式的问题有意思多了，等分享完彼此的感受之后再顺势问其他问题，这样做的效果肯定会比直接“查户口”式的问题的效果好很多。

【微沟通9】什么样的开场白较受欢迎

我们知道在与陌生人的沟通中，第一印象很重要。同样，开场白也很重要，一个好的开场白会给后面的沟通奠定一个良好的基础。好的开场白最好能迅速拉近彼此的距离，并具有幽默感，会减少陌生人第一次沟通时的防御感。

比如你遇到了自己很喜欢的女孩儿，想鼓起勇气向对方搭讪。这时候，你给对方说的第一句话合适与否在很大程度上就可以决定你搭讪的成败。一种理想的搭讪开场白是“我刚才一直在注意你，我想你笑起来肯定很好看”，这样的搭讪绝大多数女孩儿都会回一个微笑。接下来你再找话题和对方继续聊下去，这种搭讪开场白就使你们之间的距离拉近了许多。

如果对方没有向你微笑，你就可以说一句“看来我猜错了”，然后走开。跟陌生人沟通，一定要记得想好第一句话，这句话可以拉近彼此的距离，并带有一定的幽默感，或者是对对方的夸奖。

【微沟通 10】以向对方请教问题作为开场白

在初次见到那些成功人士时，如何做到迅速与对方展开话题呢？一种有效的方法就是向对方请教，这种请教可以以对方曾经发表过的观点或者所写书的内容为话题。这些人一般听到的赞美之词比较多了，有时候向他们请教会是更好的搭讪方式，这表明你认真关注了他。

甲：“您曾经在您写的书中说过这样一句话‘怀疑是走向信仰之路’，不知道这句话该如何理解呢？”

乙：“你看得很细心嘛，这句话主要是我自己的亲身体会……”

甲：“谢谢您说的这些话，您这些话让我豁然开朗，我会仔细记住您今天说的话的。”

乙：“嗯，你太客气了。”

以对方发表过的观点或者说过的话开始谈话，可以使你们迅速进入话题之中，这也表明了你真正关注了对方，因而很容易使你们之间展开话题，并进行深入的交谈；这样也会使你给对方留下更加深刻的印象，避免了找不到话题、空说客套话的尴尬。

【微沟通 11】 记住别人的名字

在第一次认识别人之后，一定要注意记住别人的名字，并在下次沟通时可以轻易地叫出对方的名字来，这会给对方留下良好的印象，会使你们之间的沟通变得更加顺畅。

之所以记住别人的名字会给别人留下好印象，是因为名字是一个人得以被识别的标志。如果你连对方叫什么都说不上来，哪里谈得上友谊，所以记住别人的名字也是意味着对别人的尊重。而且如果你很快记住了别人的名字，就意味着你很想认识他，这也会增加对方对你的好感。

【微沟通 12】 处在焦点上可以使自己变得多言

有些人觉得自己性格内向，总是不好意思和陌生人说话。那么，怎样才能改变这种不愿与陌生人多说话的性格呢？一种颇为有效和简单的方法就是尽量使自己处在人群的焦点位置上，那样你就不得不多说话了。

所谓焦点位置，就是人群的中间或者最前面。比如当一群人站着交谈时，中间就是焦点位置；而当一群人听一个核心人物讲话时，最前面就是焦点位置。

也许不爱说话的人习惯于坐在人群中的角落位置上，在这些角落位置上他们会觉得安全，让他们处在这些焦点位置上开始会有不安感。不过一旦处在焦点位置上之后，他们就会发现其实开口说话并不是那么难，开始的那种不安感和尴尬反而成了促进他们开口说话的动力。慢慢地，他们就会发现自己开始变得善于言谈了。

【微沟通 13】应注意介绍他人的先后顺序

有时候，需要介绍自己认识的人们互相认识，这时候应该遵循怎样的先后顺序呢？总体上来说，应该是“先卑后尊”，即先介绍地位低的人给地位高的人。

比如，应该介绍晚辈给长辈，介绍家人给朋友，介绍自己公司的同事给客户或者其他公司的人，介绍非官方人士给官方人士，介绍男士给女士，介绍未婚者给已婚者，等等。

传统上受尊敬的一方总是有优先权去了解其他人，因此介绍人们互相认识时，要注意遵循“先卑后尊”的顺序。如果搞乱了顺序，则容易引起尴尬。

【微沟通 14】想象对方好的行为，降低自己的紧张感

可以在内心勾勒对方的行为进行自我暗示，通过想象对方肯定和鼓励的行为来排除自己的紧张感。

我们可以这样想象：对方拍着我的肩膀，微笑着看着我，你不必拘束，我是一个很容易沟通的人。

通过想象对方的友好行为来暗示，可以在心理上消除紧张感，拉近双方的距离，我们心理上也就不会感到紧张或不自然了。

【微沟通 15】紧张时说出来

在进行沟通时，有时难免会遇到让自己紧张的情况。那么，应该怎样面对这种紧张感呢？一种有效的方式就是说出来，说出自己的紧张之后，往往就会发现自己的紧张感减少了很多。

比如在进行演讲时，可以说一句“站在这个讲台上我心里其实很紧张”，这样说过之后，听众往往就会给你鼓励，这样你就会变得放松起来了。相反，如果你越是压抑自己的紧张，越是想表现得不紧张，最终可能会使自己更加紧张。

在与别人面对面沟通时，露出一点紧张情绪也是有好处的。比如你面试时或者面对自己喜欢的人时，一些紧张情绪的表露表示你在乎这份工作或者这个人，只要不过于紧张以至于说不出话来就好。

【微沟通 16】 把对方想象成熟人

有时候，你会在与陌生人的交谈中觉得紧张而找不到话题，这就会使交谈变得有些尴尬。这时候一种简单的策略就是将对方想象成自己熟悉的人，想一想对方和你认识的朋友哪一个更像，然后想象自己和那位朋友对话的场景，那时你的感受和表现，然后自然地做出那样的表现就好。

一旦在心中模拟了这样一种关系，你就会发现你和对方的谈话变得顺畅了很多，你对待他的态度就像对待一个老朋友一般，这样就可以瞬间拉近你和对方的距离。这种方法虽然简单，但却非常有效。

第2章

究竟怎样找话题

沟通中的一个难点就是找话题，如果能找到源源不断的话题，那么沟通就可以顺利地进行下去，如果不能，自然就无法展开沟通。

【微沟通 1】从一些平常的细节中发掘话题

在与他人初次沟通的过程中，需要面对的一个问题就是如何找到共同的话题。一般来说，如果和对方不是很熟，共同的话题可以从天气、籍贯、兴趣和衣着等这些日常的方面聊起。这样既不易触及对方的敏感之处，又不易让对方感到反感和为难。

甲：“你老家哪里啊？”

乙：“新疆。”

甲（就着新疆往下发挥）：“那是个非常美丽、神奇的地方啊，不但风景美丽，而且那里的维吾尔族人是那么的能歌善舞、热情好客。我早就想到新疆去看一看，你们新疆有哪些有名的景点呢？”

乙：“是啊，我们新疆……”

这样，你就轻松地打开了对方的话匣子。顺着话题继续交谈，你就会发现对方的话语滔滔不绝，而且从交谈的过程中还能发掘出许多新的话题。

【微沟通 2】察言观色挖掘判断兴趣点

很多人的兴趣点都会在表情动作以及言语中表现出来，于是察言观色就成为通往对方内心的捷径。比如对方喝茶时，眉头微皱，作品评状，你就要联想到他可能是个对茶有研究的人，然后就此引起谈话。

甲：“看你喝茶的专业动作，你对茶很有研究吧？”

乙：“你夸奖了，其实我曾经……”

又比如看到对方手臂上戴着一块特别款的精致手表，就可以联想到对方对手表比较关注，有相当的鉴赏能力。

甲：“你的手表是欧米伽××型××年款吧？这个款式确实非常经典，看来你对手表比较有研究。”

乙：“呵呵，对手表感兴趣而已，谈不上研究。”

不管什么样的人，只要你细心观察，总能从对方的神情和穿戴上发现对方的兴趣，从而最终可以展开你们的话题。

【微沟通3】主动发问，引对方说话

主动与对方接触，问一些能引导对方谈论自己的问题。因为当你和他谈到他自己的时候，他的谈话热情会迅速点燃。这里提供一个FORE原则，应该从哪些方面向对方问话：

F（family）：问对方引以为傲的家人。

O（occupation）：赞美对方令人向往的职业。

R（recreation）：用对方的兴趣爱好作为主动交流的话题。

E（experience）：让对方沉浸在过往经历的怀念中。

几乎每个人都喜欢谈论自己，通过关于这些话题的提问，一般就可以比较容易地打开对方的话匣子，引对方说话。

【微沟通 4】沟通需要循序渐进

沟通需要循序渐进，先从对方容易回答的问题入手，等对方健谈之后，再慢慢地深入到深层领域。

比如，聚会的时候可以先从电影、工作内容、家庭成员、将来的梦想等无关痛痒的问题聊起，慢慢地解除对方的戒备心，然后再提一些与对方密切相关的问题，对方也就很自然地对你吐露心声了。

【微沟通 5】用探索式提问的方式找到兴趣点

所谓探索式提问，就是通过提问以获得对对方日常生活的了解，通过对日常生活的了解进而获知对方兴趣和爱好，这种探索式提问的方法最容易获得真实的信息。

甲："双休日的时候，一般你都会做些什么？"

乙："看场电影，去跳舞，看看书或者爬山。"

甲："看来你喜欢电影和跳舞，我也很喜欢电影，跳舞也很喜欢，只是不怎么会跳，有时间你可以教我吗？"

乙："嗯，电影和舞蹈这是我的两个主要爱好，呵呵……可以啊。"

通过对对方平时生活的了解，就可以进而推知对方的兴趣爱好所在，这是一种比较有效的获知对方兴趣爱好的方法。

【微沟通 6】制造悬念，提起对方兴趣

人都有好奇的心理——越是不知道的事情越想知道。你要做的就是摆出一副欲说还休的姿态，通过一些特殊的话语来引起对方的兴趣和好奇。

"有件事不知道应不应该告诉你。"

"有些话不知道该不该说。"

"这是××跟我说的，不知道你知不知道。"

"您好像对……不感兴趣吧，我还是不说为好。"

把对方引到他感兴趣的谈话中之后，再慢慢地把话题拉回到正题，就可

以与对方深入交谈了。

【微沟通 7】 用直接提问的方式找到兴趣点

直接提问就是直接问对方的兴趣爱好是什么，这种方式在你想快速了解对方时可以用到。

甲："我可以知道你有哪些爱好吗？"

乙："我呀，喜欢看看书，喜欢整理东西，喜欢看电影，也喜欢旅游。"

甲："嗯，我也喜欢看书，喜欢看文史类的。你呢，喜欢哪一类书籍？"

乙："我喜欢看小说。"

通过直接提问的方式可以快速获知对方的兴趣爱好，但是这种方式有时会显得稍微有些呆板，而且更可能得到对方经过修饰的信息。

【微沟通 8】 用引导提问的方式找到兴趣点

引导提问就是通过提问引导对方渐渐透露出自己的爱好所在。

甲："听说你上大学时参加过体育比赛，还获过奖，当时你参加的是什么项目？"

乙："3 000 米长跑。"

甲："你真厉害，那肯定需要长期坚持跑步吧？"

乙："嗯，是的，到现在已经养成习惯了，我现在也仍然喜欢长跑。"

从对方曾经参加长跑比赛获奖，进而诱导对方说出自己长跑的爱好，因为大多数人总是喜欢谈论自己擅长的东西。

【微沟通9】 利用共同之处寻找话题

寻找共同的话题是引导对方进入情境同一性的过程。通过交流共同的话题，双方更容易产生情感共鸣。

一幢办公大楼的电梯出了故障，一位男士和一位女士被困在了电梯里，两人都沉默不语。男士见女士对自己有防备心理，向女士发出了友好的信号。

男士：你在这个大楼上班吗？

女士点点头。

男士：我在八楼的鑫瑞科技，你呢？

女士：我在十楼的今日娱乐。

男士：我知道你们公司，我常看你们的网站，新闻都很独家。你是做哪块的……

就这样，男士聊起了女士的工作，女士也慢慢放松了戒备心，两人在电梯工人到来时已经成了好朋友。

利用彼此之间的共同之处展开话题，然后再慢慢进行扩展，重要的是在开始的时候要找到那个共同之处。

【微沟通 10】 在厌倦时加入兴奋点

当对方的手部已没有明显的摩擦动作，眼神开始变得涣散，而此时的手好像只是用来支撑头部的工具。很明显，对方已经对你的讲话失去了兴趣，他已经发出了厌倦的信号。

这时候，就需要转换话题，或者在话题中加入新的兴奋点。这个兴奋点可以是一些新奇的事情，或者一些对方感兴趣的事物。在讲一些对方可能不感兴趣的话题时，可以穿插一些对方感兴趣的话题，维持住对方的兴趣。否则，对方会越来越失去与你谈话的兴趣，最终使沟通变得没有效果。

【微沟通 11】 面对中年男性的话题

中年的男人，事业上正处在红火的时期，但家庭方面担负着重大的责任，因此他们会较多地关注儿女、家庭、事业和热点新闻等话题。从这些话题入手，往往能让他们对交谈产生极大的兴趣。

“您很热衷于自己的事业，有时候也为儿女感到担忧？”

“虽说您现在事业有成，但遇到的挫折也不少吧？”

像这样的话题对方就比较感兴趣，特别是你问到他的事业时，中年人一般很愿意说，因为这时候的他们都处在事业的巅峰。如果你是年轻人，他们一般会很愿意对你在事业上教诲一二。

【微沟通 12】 面对青年男性的话题

青年男性朝气蓬勃，颇具活力，对娱乐尤为热衷。他们喜欢关注交友、运动、电影和旅游等相关信息。交谈时，将话题引向娱乐及事业的追求方面，他们非常乐意与你侃侃而谈。

“你很在乎你的朋友，但有时也会遭到误解，对不？”

“你很积极进取，有时候又觉得自己不够努力？”

青年的主题就是奋斗与爱情，紧紧抓住这两个主题，就很容易引发青年人的兴趣，从而建立起一个良好的沟通氛围。

【微沟通 13】 面对少年男孩的话题

对于年少的男孩子而言，追求时尚、爱好冒险是他们的天性。他们关注的话题多为女明星、电影、演唱会、闯荡和造型等。从这类话题引入谈话，会减少他们的叛逆和敌视。

“你的造型很酷，只是经常遭到家里人反对，没错吧？”

“总想出去闯一闯，又对陌生的外部世界感到害怕，对不对？”

当你与少年男孩谈到这些话题时，他们总是会津津乐道的，以这些话题作铺垫往往能营造良好的沟通氛围。

【微沟通 14】 面对中年女性的话题

对大多数的中年女性来说，对子女的关注以及对美的追求始终是第一位的。她们经常关注儿女、家庭、服饰、电视剧、化妆和社交等。在交谈时，选择这些例行话题往往能激发她们的谈论热情。

“你家儿子真有出息，小时候没少惹事吧？”

“你这件衣服真漂亮，衣柜里比这好看的还有好多，对吧？”

面对中年女性和她聊孩子是个比较好的切入点，子女的成就也是他们的成就。如果你能称赞她的子女多么有本事，有时比称赞她自己更有效。

【微沟通 15】 面对青年女性的话题

青年女性除了善于发现生活中的美和追求休闲的生活方式之外，一般还具有较强的上进心、进取心，因此她们较多地关注逛街、购物、美容、装扮等话题。从这类话题入手，总能引起她们极大的兴趣。

“你很想去逛街，但心里又觉得应该给自己充下电？”

“其实你长得挺漂亮，但会不自觉的每天出门化妆？”

从美容、购物等角度去开始你们的谈话，会比较容易有话题。如果你再真诚地夸奖一下对方的容貌，你们之间的沟通就会变得顺畅起来。

【微沟通 16】 面对少女的话题

青春少女天生爱美，喜欢崇拜偶像、观看娱乐节目。她们的关注点多为服饰、打扮、男明星、电影和电视剧等。从这类话题引入谈话，会激发她们参与交谈的积极性。

“每次看到新衣服都想买，但又怕花销太大，这种感觉很不好吧？”

“尽管平时爸妈管教很严，但还是经常偷偷在家看韩剧吧？”

少女是追星族中的最大人群，从追星、娱乐节目和言情小说等话题入手，更容易引发她们的兴趣。

【微沟通 17】 面对老年人的话题

老年人不同性别之间的关注点差别并不大，他们的关注点大多是关于子孙、休闲、社区活动和钓鱼这些事情的。与老年人交流时，可以从这些方面找话题。

“您儿子还算小有成就，小时候很调皮吧？”

“您现在过的很舒适，以前也吃过不少苦吧？”

老年人一般比较关注身体健康，关心一下对方的身体健康，再和他们聊聊老年的休闲节目之类的话题，比较容易激发他们的兴趣。另外，还可以让他们给你传授经验，一般老年人比较喜欢教导年轻人。

【微沟通 18】 寻找话题用开放性问题

当你和自己不熟悉的人沟通或者感觉沟通时缺少话题时，可以向对方提一些开放性的问题，引起话题，比如“如何”、“有什么”、“为什么”等。这样的话题可以在你掌握信息较少时打开对方的话匣子，抓住对方的兴趣所在。

甲：“你周末一般都做什么？”

乙：“打打羽毛球，看看书，看看电影。”

甲：“原来你也喜欢打羽毛球，我也喜欢啊。羽毛球比赛你看吗？最近那个……”

乙：“是的，他确实很厉害……”

首先通过开放性的问题获得更多的信息，然后锁定对方最可能感兴趣的一个点开始沟通。这时候需要注意避免问封闭性的问题，比如“是不是”、“要不要”等，这样的问题容易使谈话陷入没话说的窘境。

【微沟通 19】 用敬慕打开与对方的话题

在初次见到别人时，如何迅速地获得对方的好感，并展开彼此之间的交谈呢？有一种比较有效的方法，就是用表达对对方的敬慕之情来开始谈话。

“您的创业经历我听过很多，受益匪浅，没想到今日能有幸目睹您的风采。”

“李总监，没见到您之前，我都不敢想象管理着咱们公司整个货品供应的您竟是如此随和的人。”

“在您的书中，您给我树立了一个成功企业家的典范，我学到很多，今天能够见到您真是太激动了。”

在对对方表达敬慕之情以后，可以迅速获得对方的好感，使你们得以迅速地进入话题，为双方沟通奠定良好的机会，所以这是一种比较有效的开场白。

【微沟通 20】 要在平时积累话题

虽然有很多东西是可以速成的，但是有些东西是难以速成的，它需要长期的坚持和习惯。比如在与人沟通时要能找到合适的话题，就需要一个人平时的积累。这种积累主要是指知识的积累以及词汇的积累。

一个人只有在平时有深厚的积累，才能在与他人沟通时信手拈来、收放自如。比如，可以通过看报纸、电视和杂志等关注到社会热点问题，从而在与他人的交往中有更多话题可讲。另外，还可以通过阅读文学作品丰富自己的词汇。一个人的词汇量越丰富，他的表达就可能越是精彩。

养成良好的读报、读书习惯，然后将自己所学到的东西及时应用于沟通中，你就会发现自己说话的技巧越来越高，沟通的效率明显会有所提升。

第3章

拉近彼此距离的好方法

有话题聊之后，并不自然就意味着你们的关系就会深化，你还需要进一步采取措施拉近你们的距离，使你们的关系迅速上升到一个新的台阶。

【微沟通 1】 通过拉关系拉近距离

要想拉近彼此的距离，就要在彼此之间找到某种联系，一种常用的方法就是通过拉关系拉近彼此的距离。比如，拉亲戚关系或者老乡关系，或者两个人是一个姓，这些都可以拉近两者的距离。

甲：“你大伯是李明辉先生?”

乙：“是的，你怎么知道?”

甲：“因为李明辉先生的妻子是我的一个远房亲戚。”

乙：“哦，原来这么巧啊。”

甲：“是的，原来我们之间还有点亲戚关系，呵呵……”

在上面的对话中，正是通过“李明辉”这个中介把两个人的关系从完全的陌生人拉近了一些，这种距离的拉近会使两个人之间更加容易建立信任感，产生“我们是一家人”的感觉，进而为沟通打下一个好的基础。

【微沟通 2】 通过感谢拉近距离

如果你再次见到曾经帮助过你的人，可能你们只有一面之缘，不过只要你及时地对他给你的帮助表示出感谢的话，你们之间的关系也会被迅速拉近。

甲：“师兄，你还记得我吗?”

乙：“不好意思，你是?”

甲：“大一刚开学时，你帮我搬过行李，我当时是长发，你还有印象吗？”

乙：“想起来了，你当时拎了一个红色的大箱子。”

甲：“嗯，是的，当时是你一口气帮我拎上六楼的，我一直记得师兄帮我的忙。”

乙：“呵呵，师妹现在怎么样了？”

当甲说出乙曾经帮过自己的忙时，他们之间的距离迅速拉近。自然，他们之间的沟通也会很快变得顺畅起来。

【微沟通3】使用相同的语言拉近距离

相似性是人际吸引的重要因素之一，人们容易被与他相似的人所吸引。同样，人们也容易被与他说话方式相似的人所吸引。这种说话方式相似性表现在字词的选用、说话速率以及是否礼貌、语气词的用法等方面。

其中，使用词语的相似性是最容易导致彼此吸引的因素。使用词语的不同也就划定了群体的不同。比如，各行各业都有不同的习惯用语，各年龄阶段都有不同的用语。

因此，假如你想与对方拉近距离，就要尽量用对方的用词习惯与对方进行沟通，这样做可以在短时间内迅速拉近你们的距离。

【微沟通4】说“我也是”增加亲切感

在沟通的过程中，多说“我也是”，可以增加彼此的亲近感。这样做可以让对方产生你们有很多共通之处的感觉，可以加强你们之间的联系和互相认同，有助于增强沟通中的同感。

甲：“我很喜欢强尼·戴普，他真的很有味道。”

乙：“嗯，我也是。我特别喜欢他留着小胡子的样子，很性感。”

在说“我也是”时要尽量显得随意，避免显得刻意，在多数时候需要多做一些扩展，比如上面“我特别喜欢他留着小胡子的样子，很性感”这句话，这样说就不会显得刻意呆板了。

【微沟通5】放慢语速使自己显真诚

在沟通的过程中，要使自己显得更加真诚，说话就宜慢不宜快。说话慢容易给人真诚的感觉，说话太快则容易让人觉得轻浮、不可信。

吴晗是个说话很快的人，他觉得自己的沟通能力不比别人差，但不知道为什么总是容易给别人留下不够真诚、不够稳重的印象。后来才发现，原来和自己说话太快有关。吴晗后来改变了说话很快的习惯，他发现别人对他的态度也慢慢发生了变化，很多人都夸他稳重、真诚。

【微沟通 6】 向别人请教使自己显真诚

真诚的意思就是真实诚恳，因此要展现自己的真诚切不可不懂装懂。不懂装懂如果露馅，会使自己更加尴尬，别人可能还会嘲笑你。在沟通的过程中，如果遇到自己不懂的问题，一定要及时请教别人。

首先，请教别人满足了对方的自重感，使对方获得了心理上的满足感；其次，请教别人也可以使自己显得更加真诚，敢于承认自己的无知；最后，哪怕有些问题你知道答案，但每个人的视角都不一样，请教别人也可以帮助自己获得新的看问题的视角。

总之，如果你想在沟通的过程中展示自己的真诚，就要学会多去请教别人，切不可不懂装懂。

【微沟通 7】 展露自己的情绪使自己显真诚

真诚的人首先会真实地做自己，真实地表达自己的感情和想法，特别是自己的情绪，一个总是掩藏自己的情绪或者不善于表露自己情绪的人容易被认为不够真诚。

因此在沟通中，如果要给别人留下自己比较真诚的印象，就要学会适当地展露自己的情绪。真实地展露自己的情绪可以使别人觉得你更加真实可信，更加真诚。

比如面对别人微笑，要充满暖意，切忌皮笑肉不笑。还有，在别人面前不要总是一副面容，那会让别人觉得你始终是带着一副面具的。所以，要学会适当地表露自己的情绪，那会使你显得更加真诚。

【微沟通 8】 承认错误使自己显真诚

要使自己显得真诚，其中一种方法就是主动承认错误，哪怕不全是你的错误，主动向别人认错可以使别人更加信任你。特别是当别人认为是你的错时，这时候再强辩下去只会对自己更加不利，主动承认自己的错误才是明智之举。

一个能承认自己错误的人容易给别人比较真诚的感觉，而那些犯错后不愿意承认错误的人一方面会让人觉得死爱面子，另一方面也会使人觉得很不真诚，因为不承认错误就是不能诚实地面对自己和别人，这样的人也就难以取得别人的信任。因此在沟通中，一定要学会主动承认自己的错误，避免给别人自己不真诚的感觉。即使自己犯了一点小错误，及时承认错误都会增加别人的信任，也使你显得更真诚。

【微沟通 9】 展现热情讨人喜欢

在人际关系中，最受人欢迎的一种品质就是热情。热情可以帮助一个人赢得友谊，也可以帮助一个人营造出与他人良好的沟通氛围。

那么在人际关系中，应该如何展现自己的热情呢？最基本的要做到以下几点：

- 主动走上去与人打招呼。
- 开放的身体语言：双手展开，手掌向上。
- 面带微笑。

再加上对对方关注的神情，做到这些就可以使一个人给别人留下热情的印象，进而为与对方的沟通营造一个良好的氛围。

【微沟通 10】 在特殊时刻送去问候

沟通技巧很重要，而养成一个良好的沟通习惯更重要。一个投入少回报高的沟通习惯就是在特殊的时刻向对方送去问候，这样的简单沟通对维持彼此之间的良好关系有很好的作用。

例如，在节日的时候发一个问候短信，听闻喜讯要及时恭喜对方，听闻不幸要及时传达自己对对方的关切，等等。这会让对方感觉到你牵挂着他的悲喜，这样的简单沟通会给你们的关系加分不少。

相反，虽然平时沟通得还不错，但在某些特殊时刻从来不懂问候一下对方，这也会使你们后续的沟通受影响。

【微沟通 11】避免使用专业术语

由于交流双方的知识背景和表述习惯有差异，在与人沟通交流时，要想很快拉近和对方的距离，就要在表达方式上契合对方。在和陌生人说话时，表达要通俗易懂，不要使用高深的专业词汇。

使用高深的专业术语，即使你用得很合适，也可能会让别人觉得你故弄玄虚，这些专业术语还会使对方对你产生疏离感。总之，专业术语最终只会成为彼此之间沟通的障碍而不是桥梁。

当然，如果你事先了解到对方和你有相同的专业背景，那么在交谈时就可以使用专业词汇，这时候专业术语就成为沟通的桥梁而不是障碍了。这样的交流能更快地拉近双方之间的距离，消除对方的戒备心理。

第4章

想获得好感，你可以这样做

获得好感是沟通中的核心问题之一，只有在这个基础上才能谈得上进一步的深层次沟通和关系的深化。

【微沟通 1】 说出相同的兴趣爱好，快速缩短距离

相同的兴趣和爱好说明双方有更多的共同话题，能够激发双方的交流欲望。如果兴趣爱好截然相反，谈话很不投机，则会出现“道不同不相为谋”的尴尬局面。其实，这就是人的一种相似相惜心理。因此，在对话中要尽量交流与对方相同的兴趣点。

保罗：您的身材真好，一定喜欢运动。

保罗发现对方身材较好，便以运动为契机。使用兴趣这个话题时要注意时机，如果通过观察可以大致判断对方的一些兴趣和爱好，可以试探性点明，但内容要求是大众化的兴趣和爱好，如旅游、运动和登山等。

客户：是的。

通常情况下，人们都是喜欢运动的。

保罗：我经常去一些健身俱乐部健身，但效果不是太好。

表明自己也十分喜爱运动，双方有着共同的话题。

客户：哦？那我向你推荐一个地方……

通过客户的回答可以判断他经常去健身，保罗也可以继续寻找与对方的“共同”兴趣。在对话中发现共同兴趣之后就可以继续扩大兴趣范围了，相似的兴趣越多心理距离也就越近。

【微沟通 2】 模仿对方的话语，无意中增加对方对你的好感

心理学的研究表明，喜欢的人之间会相互模仿。因此，要使别人更喜欢你，你就要学会有意识地去模仿他人。很重要的一点，就是去模仿对方的话语。

A：“今年想向各种事情挑战试试。”

那么，你在交谈中就要尽量使用“挑战”这两个字眼，模仿对方。

B：“我平常有点怕喝白酒，但是今天决定‘挑战’一下。”“这道菜不知道味道如何，不如‘挑战’一下吧！”（在餐桌上）

或者 B：“现在的工作对我来说，相当具有‘挑战’性。”“我最尊敬有‘挑战’精神的领导了。”（在工作中）

每说一次“挑战”，对方对你的好感就会增加一次。透过好感的累积，对方的心情就会变得很好，使你们之间的关系更加融洽。

【微沟通3】模仿对方的动作

与对方初次见面，彼此都很陌生，可以使用“行为同步”的技巧，快速获取对方的好感。

做法很简单，只要若无其事地模仿对方的行为动作和面部表情就可以了。

两个人面对面地坐着，如果对方喜欢用右手使酒杯打转，你就用左手模仿。但是要显得很自然，只需让对方的潜意识感觉到，不可让对方察觉到你是在刻意地模仿他。

由于两个人的动作、表情如此的一致和相似，自然就会产生一种亲切感。

在模仿的过程中要注意保持适度性，要尽量保持一些细节上的差异，以避免让对方感觉到不自然或夸张。主要需要注意以下几个要点：

- 自然地捕捉对方的信息，不可过于专注，以免引起对方的注意。
- 注意模仿的时机，稍微错开点时间。
- 不要完全照搬，要稍微做些变化。
- 保持适当的模仿频率，多了会让对方觉得心烦。

【微沟通4】人际沟通中的增减效应

对于生活中这种普遍的心理现象，美国社会心理学家阿伦森做了一个著名实验。实验安排被试同伴用四种不同的情况评价被试对象：

（1）始终是肯定的评价。

（2）始终是否定的评价。

（3）先肯定后否定的评价，否定程度和第二种情况相同。

（4）先否定后肯定的评价，肯定程度和第一种情况相同。

在这四种情况下，被试对象对自己同伴的喜欢程度如何呢？结果显示，被试对象对于原来否定自己而最终变得肯定自己的交往对象喜欢程度最高，明显高于一直肯定自己的交往对象；而对于从肯定到否定的交往对象的喜欢水平最低，大大低于一直否定自己的交往对象。

这一实验揭示了人际交往的“增减原则”，即人们最喜欢那些对自己的喜欢、奖励、赞赏不断增加的人或物，最不喜欢对自己的喜欢、奖励、赞赏不断减少的人或物。

【微沟通 5】放低姿态，凸显对方的重要性

当与那些以自我为中心的人交往时，可以尝试着否定自己来凸显对方的重要性。

彼得先生是一个水暖推销员，想在A地区建立销售渠道，他拜访了当地的一个水暖经销商。“出去！不要让我再见到你们这些推销员，我什么都不需要。”彼得刚踏入店里，这个经销商便生气地说道。

经过调查，彼得了解到这个经销商是个脾气倔犟、自以为是的家伙，从来不把别人放在眼里。怎么办才好呢？彼得想到了一个办法。

“您好，我这次来是向您请教一些问题的，只占用您一分钟时间。”“进来坐吧，”经销商看了看他。

彼得说明是为请教问题而来，暗示有求于他。人往往喜欢在他人面前展示自己“无所不知”的才能，这位经销商也不例外。接受指出自己的不足，即否定自己。暗示自己登门拜访是慕名而来，满足了这位经销商的自重心理。

【微沟通 6】主动打招呼

首先开口打招呼的人，往往能够牢牢地把握住对话的主动权。不管对方地位多高、年龄多大，你主动向他们打招呼都能在他们心理上增加一定的压力，有可能使他们跟着你的节奏进行对话。

这与心理学的相关研究结论一致。心理学研究证实，如果让一些人组成

小组进行讨论，首先发言的人很自然地就会成为会议主席。

当你远远地看到认识的人过来，如果觉得“现在打招呼有点太早”就暂时先把头低下，然后慢慢抬起头，露出微笑，向对方走去。这时，对方已经被你的气势控制，你可以随心所欲地选择话题或者控制对话的节奏。

【微沟通7】扩张的瞳孔让你更受欢迎

瞳孔扩张在生活中有多种含义，比如人在恐惧的时候，人在对一个事物感兴趣的时候，或者人在光线暗的地方都会使瞳孔扩大。

人们遇到自己喜爱的人或者事物时，瞳孔会扩大；而遇到自己不喜欢的人或者事物时，瞳孔则会缩小。同样，那些瞳孔扩大的人在别人的眼里也更加有魅力。因此，在与人沟通时，为了增加自己的魅力，可以想办法使自己的瞳孔变大一些。

一种方法是戴美瞳；另一种方法是你们在光线较暗的地方约会；还有一种方法就是你们同时处在恐惧情绪之中，比如一起玩过山车、看恐怖电影等。

【微沟通8】用手轻轻地碰触对方

曾经有一个调查是在饭店中进行的。调查发现，如果服务员在上菜和结账的过程中接触到了顾客的手，这位顾客就会有更积极的反应，他们常常会给这些服务员更多的小费。因为这短暂的接触动作使得顾客和服务员之间的距离拉近了，服务员会对跟其有接触的顾客照顾得更加周到，而顾客在看待这位跟其有肢体接触的服务员也会更加亲近一些。

相信很多人都有这样的经历，在和陌生人或者不太熟悉的人打交道的过程中，如果你很自然地触碰一下对方的手肘或者拍一下对方的肩膀，这样一个小动作就会使双方的距离迅速拉近，交往也会更加成功。

因此，在交往的时候可以“不经意”地碰触一下对方的身体，比如胳膊，这样可以增进彼此的好感。但在碰触的时候需要注意一件事，那就是不要碰触他人较为敏感的部位，比如脸和腿等。

【微沟通9】声调多变显得更生动有趣

声调多变会显得自己所说的话更有趣、更生动、更有表现力。即使一个很好笑的笑话，如果一个人以一种平淡的语调说出来，听起来也会变得无趣。语调的不同代表着说话者情绪的不同。沟通时如果自己的话语是富有情绪的，这种情绪就会深深地感染到你的听众。语调的不同还表示了话语中重点的不同，一样的话以不同的语气说出来也会给别人不同的感受。

在与人沟通时，要想使自己的话语变得更加有影响力和表现力，就要加强这种语调的变化，使自己的话语听起来抑扬顿挫，而不是平淡如水。这样，你说出来的话语就更加能够感染别人。

特别是在演讲与说服中，那些演讲高手以及有很强说服能力的人都是用语调影响他人的大师，从他们的语调中可以传递给他们的听众以强烈的情绪，在听众的心中唤起强烈的共鸣。很多时候，正是这些强烈的情绪共鸣与渲染促使人们采取了演讲者所希望人们采取的行动。

【微沟通 10】 用多看效应增加好感

20 世纪 60 年代，心理学家查荣茨做过这样一个实验：他向参加实验的人出示一些人的照片。有些照片出现了二十几次，有的出现十几次，而有的则只出现了一两次。最后，他请看照片的人评价他们对照片的喜爱程度。结果显示，参加实验的人看到某张照片的次数越多，就越喜欢这张照片。也就是说，看的次数增加了喜欢的程度。这种对越熟悉东西越喜欢的现象被称为“多看效应”。

“多看效应”告诉我们，要想和人保持良好的关系，让对方喜欢你，就要增加自己的曝光率，让对方对你留下深刻的印象，从而记住你、喜欢你。

【微沟通 11】 支持对方的观点

人们都喜欢给予自己赏识的人。人与人交流时，“不”字一出口，就等于把大门关上了，双方就会产生一种心理紧张关系。所以，在跟别人交谈时，不要以讨论异见作为开始，而应该以双方所同意的事作为交流的开始。

你可以根据交往对象的特点调整交流方式，在向对方表示积极的观点时，多说这些话：“听了您的话，我受益匪浅”，“您是我的前辈，你说的话真的很有教育意义”，“我理解您的感受”，“对您的关心，我表示感谢”，“我经历过，所以我知道您的感受”，“您说得对，这是一项重要的投资”等。

如果确实有表达差异的必要，也需要在表达共同点的基础上在表达差异。

因为在获得对方好感的基础上再适当表达差异，对方更加能够接受，这样的沟通更容易取得良好的效果。

【微沟通 12】 犯点小错误是一种魅力

在我们的印象里，越是优秀的人往往越能聚集更多人的目光。所以，很多人在与人打交道的时候会尽量隐藏自己的不足，竭力展示好的一面，以为这样更容易缔造完美的交际关系。

然而有心理学研究表明，那些太过完美的人并不是最有魅力的，而那些能力优秀但又表现出一些小缺点的人才是最有魅力的。显得过于完美的人会使周围人感觉到压力，在一起会感觉不太舒服，因而人们对这些人会敬而远之。而那些能力很优秀又表现出自己的一些小缺点的人显得更加有个性和人格魅力，这样的人也更受人欢迎。

因此在与他人沟通时，特别是与比自己能力低的人沟通时，可以“不经意”地暴露一下自己的小缺点，那样会使自己显得更加平易近人。

【微沟通 13】 自我暴露的“贴近效应”

自我暴露不仅能拉近双方的心理距离，还会增加双方的喜欢度。这是美国社会心理学家西迪尼·朱亚德通过一系列实验得出的结论。

良好的人际关系是在自我暴露逐渐增加的过程中发展起来的。随着信任程度和接纳程度的提高，交往的双方会越来越多地暴露自己。所以，自我暴露的广度和深度是人际关系深度的一个敏感的“探测器”。要想了解你被别人的接纳程度，通过了解我们的自我暴露水平就可以了。

同时，心理学将自我暴露程度分为四个层次：首先是情趣爱好方面，比如饮食习惯、偏好等。第二是态度，比如对人的看法，对政府和时事的评价等。第三是自我概念与个人的人际关系状况，比如自己的种种情绪、和家人的关系等。第四是隐私方面，比如个体不为社会接受的一些想法和行为等。

也就是说，你对别人接纳的越多，要求对方对你暴露的就越多、越深。

【微沟通 14】 利用流行趋势，获取对方的好感

想要获取对方的好感，有时可以通过一些特殊的手段，比如利用大众普

遍喜欢的一些娱乐节目类型，展示出你在这方面的才能，这样比较容易获得对方的好感。

A：美女，你好！跟你玩个神秘的游戏！

MM：神秘的游戏？听起来好神秘！

A：这里有一张 50 元的纸币，噢！还有一张 10 元的，交给你。

A：现在我不看，你两手各握一张，放你身后，不要让我知道噢。

（制造神秘气氛，引导对方的注意力）

A：把你左手的金额乘以 35。但是不要将答案说出来哦。

MM（想）：那……50 乘以 35 应该是 1750。

（注意对方的表情和动作，继续引导）

A：接下来把右手这边的金额也乘以 35。

MM（想）：10 乘以 35 等于 350。

（注意对方的表情和动作）

A：现在把两个数相加，然后告诉我。

MM（想）：1750＋350……2100！

MM：2100。

A：接下来我来感应一下。

A：50 元的纸币在左手！

MM：哇！好厉害！

至此，你已经成功地激起了对方的兴致，获取了她对你的好感。

这个心理魔术很简单吧，它的秘密就在于，50 乘以 35 和 10 乘以 35 的心算过程的时间长短是有明显差异的。表演者只要刻意引导，细心捕捉对方的心理活动，就可以取得理想的效果。

【微沟通 15】背后不说人坏话

人际沟通中最忌讳的一点就是背后说别人的坏话，有句话叫“宁在人前骂人，不在人后说人”。这就是说，如果你认为对方有错误，即使当面指出来，也比在背后说他的不好要好。人后说人，最后有理也会变得没理，一来让对方气愤，二来听的人也会讨厌说闲话的人。

人们最讨厌的事情之一莫过于别人在背后说自己的坏话，这也是引发人们冲突的一个重要原因之一，那些背后说人的人会被认为道德品质有问题。听到有人经常在你面前说别人的闲话，可以想想也许对方在别人面前也会说你的闲话，想到这里，你就会对这样的人心生厌恶。

因此，不管是什么情况都不要在人后说人。宁可面对面骂对方，也不要背后说他的不是。如果遇到有人在你面前说别人的坏话，你也不要附和或者插嘴。

【微沟通16】 不要老说“我”

与人沟通时，不要老说“我”，不要总是以“我”为开始进行谈话。说太多“我”会使别人觉得你以自我为中心，没有人喜欢与以自我为中心的人沟通。也许你可能觉得自己很真诚，一直在谈论自己的感受，但如果你一直在说“我”，就会给别人比较自我的感觉。

更好的方式是少说“我”，而且要多给别人说话的机会。一个好的沟通不在于你说了多少，很多时候更在于你听了多少。其实，往往是以你听了多少来衡量你的沟通是否成功，而不是以你说了多少来衡量沟通是否成功。

有人在与他人沟通时，说了自己一大堆事，而且多以“我”开始，她觉得这样可以使自己显得很真诚。沟通时对方也在认真地听自己说话，所以觉得自己的沟通很成功。然而奇怪的是，对方过后竟然不再联系她，她不明白到底是怎么了。其实原因很简单，就是因为她说了太多“我”和自己的事，而没有给别人表达的机会。

第5章

如何轻易说中对方的心思

人们都喜欢被理解的感觉，如果你能使别人产生被你理解的感觉，那将会大大增加对方对你的好感。

【微沟通 1】利用人人都有的矛盾心理，让对方觉得你很了解他（她）

从心理学的角度来讲，人都是有矛盾心理的，并且人的性格和心理具有双重性。因为人的矛盾心理和两面性，所以从相反的两面去评断一个人，一定不会说错。

“有时很乐观，信心十足，与人相处融洽；有时又很悲观，非常烦躁不安，对人不友善。”

不论对处世乐观或者悲观的人，都不会说错。因为没有人任何时候都是乐观或者悲观的。

“外表看起来好像很坚强，但内心也有软弱或恐惧的时候。”

人不可能任何时候都保持坚强，不可避免地会受到挫折，所以人的内心有时候会很软弱或恐惧。

指出这种人的性格和心理矛盾的两面性，就会让对方觉得你很了解他、懂他的内心。

【微沟通 2】说出他的反面，更能获取对方的心

正因为人人都有矛盾心理，所以人人都会有自己隐藏的一面。而如果你能说中他这一面，就更能捕获对方的心。

每个人总是期望有人能理解他被隐藏在深处的痛苦和矛盾。就像电影《唐伯虎点秋香》中，秋香说唐伯虎是“表面放荡不羁，其实是用情很真的真男人”时，唐伯虎发出了“知我者，秋香也”的感叹。

由此可见，在人际交往中，当你说出了对方不为人知的另一面时，对方一定对你很有好感，并且愿意与你认识、谈心。说中对方的另一面可以从以下三点着手：

- 人必然拥有相反的两个面貌。
- 找出对方外在面貌的特征。
- 说出与表面相反的部分，就可以说中对方的内心。

【微沟通 3】巴纳姆效应教你如何使别人觉得你很了解他

心理学家挑选了一批学生，让他们做一种人格测验，并告知他们一星期

后会将评估结果发给他们。一星期后，心理学家准时将每个人的人格测验结果通过电子邮件发给了他们，并提出让他们评价性格评估测验结果的准确性。学生们评价的测验结果的准确性平均高达86%。但是学生们不知道，发给他们所有人的性格评估结果其实是一样的!! 以下就是这份神奇的性格描述的部分内容：

• 有时会出现不切实际的奢望。

• 你从已有人生经验悟到：过度的表现自己并不是明智的做法。

• 你有时很外向，与人侃侃而谈，相处融洽；有时很内向，办事谨慎，闭门不出。

• 认为自己很理性，不会无根据地相信他人的观点。

• 不同程度上喜欢变化和自由，但内心也感到会烦恼和不安。

• 虽然性格上有些缺点，但总体上还是较好的。

- 体内有未被激发出的潜力。
- 在某些地方对自己要求很严格。
- 希望被人喜欢、认可，且十分强烈。
- 性生活方面有不满意的地方。

巴纳姆效应告诉我们，每个人都会比较容易去相信一些笼统的、一般性的性格描述。因此，在与人沟通时可以利用人的这种心理说出这样的话，给对方造成你很理解他的错觉。

【微沟通 4】要表示自己了解对方，则需要用封闭式提问

封闭式提问适合于对别人有一定的了解后，因为只有对别人有了一定的了解，你才知道问什么。这种问题的一种特殊用途就在于可以表示了解对方。比如你问对方："你是不是喜欢读某某作家的书啊？"对方可能会微笑着回答说："你怎么知道的呢？"对方的回答既表示了惊讶，也表示对你了解他的开心。

所以当你希望表达对他人的了解时，你就可以用封闭式提问的方式。这可以增加对方对你的好感，因为人们都喜欢了解自己的人。但注意要慎用这种方法，因为这种问"是不是"，很多时候在对方看来就表示你认为他是，而如果对方不是，就会觉得你胡乱猜测，这样给别人的感觉就不会太好。

【微沟通 5】话说得模糊些，更能说中对方

要说中别人的心思，在语言表达时就不能说得太绝对，要利用多种表达方法、多义词、意思含糊的词汇，提高"说中"的准确性。

我们可以以下面这个对话为例：

"公司成立很长时间了吧？"你试探着问道。

"是的，已经……"对方回答。

"的确很长，想必公司的设备也有些年头了吧？"

"是的，它们……"

"那我帮您检查一下电脑，然后升级一下系统，以后使用起来就方便了。"顺便推销出自己的服务。

"很长时间"只是一个模糊的概念，公司成立的时间非长即短，不涉及具

体年限，因此也不用担心不准确。说中以后，再转到你的目的上来，因为时间长，设备的零部件自然老化，软硬件耗损严重，偶尔还会出现故障，使用起来当然不方便。只要你按照这样的程序说，对方就会产生被说中的感觉，下面的销售工作自然也就好谈了。

【微沟通6】选择性注意让对方有被说中的感觉

在沟通时利用选择性注意不必担心没有被说中的事情，因为对方只对你说中的话感兴趣，这些话语与他们息息相关，这些话语的效果会得到放大，给他们的感觉就是你都说中了。

甲：“你应该喜欢看电影和摄影吧?”

乙：“看电影多，摄影还好。”

甲：“嗯，你喜欢看哪种类型的电影?”

在沟通时，只要强化说中的地方，就可以扩大这种影响，轻松捕获并引导对方的心思。在这个过程中，要注意识别对方何时对哪些内容感兴趣。

第6章

回应他的话，没那么简单

沟通是一个双向互动的过程，因此回应很重要，有时候你说了什么并不重要，重要的是你如何回应对方。

【微沟通 1】 面对女性朋友，需要更多情感回应

当你面对的是一位女性朋友的倾诉时，需要你更多地去倾听并予以情感上的认同和回应。比如，当对方遇到担心的事时，你可以说：“我理解你为什么这么担心……”当对方做成了一件事时，你可以说：“你做得真棒！”

心理学的研究表明，这种情感回应和支持激励女性走出困境或者继续进步的效果更好。因此在面对女性时，首先要考虑的是多给予情感上的支持和回应。当然，她们也需要意见和忠告。最好是在对方已经得到了足够的情感回应的基础上，再基于理性忠告和建议会更有效。

【微沟通 2】 面对男性朋友，需要更多理智回应

当你面对的是一位男性朋友时，则需要你更多地去予以理性的回应，比如，当对方遇到担心的事时，你可以说：“你担心这件事，是不是因为……”当对方做成了一件事时，你可以说：“你做得很对！”。

相比于女性，男性更在乎对错，特别是对方和你关系不是很亲密的时候，更不要有太多情感上的回应。男性更欣赏能给出自己合理意见和忠告的朋友，情感支持则是次要的。

【微沟通3】用复述来给自己思考的时间

复述可以促使对方多说话，使对方更加详细地阐述自己的问题；复述还可以给自己更多的时间去更好地构思自己对对方的回答。

甲："这个设计方案是有问题的，我们不能用它。"

乙："你的意思是我们要放弃这个设计方案？"

在对甲的话进行阐释性复述时，乙也有了更多的时间去思考自己对甲的回答，这种复述不仅是复述给甲听，也是复述给自己听，使自己更加明确问题的所在，并进而思考出解决问题的方案。

【微沟通4】用复述来提醒对方

有时候人们对自己说出的话并没有足够的意识，等说出来之后才发现问题的所在，甚至有时候自己说出来了还没有发现问题的所在。这时候，你就可以用复述来提醒对方，帮助对方检查自己的错误。

甲："你是说你明天就去会展中心？你明天不是有事吗？"

乙："不好意思，应该是后天，我说错了。"

这种复述就相当于帮助对方重新检验自己话语的准确性，大多数时候人们在自己的话说出来之前都有一个检查的过程，不过有时候人们会下意识地说出一些话来，这些话并没有经过严密的检查。这时候，复述对方的话就像是帮助对方意识到自己的话有问题，以重新检查。

【微沟通5】用感性回应拉近彼此的距离

在回应对方的观点时，可以用理性、客观的摆事实讲道理来回应，也可以用自己的感受去回应。前面一种回应多用于比较正式的场合中，而后一种回应则多用于朋友之间。用自己的感受去回应对方，一方面可以表示对对方观点的赞同，另一方面可以拉近彼此的距离。

甲："锻炼身体很重要！"

回应一（理性回应）：

乙："是啊，好像说人不经常锻炼身体，患××病的概率会高出……"

回应二（感性回应）：

乙："是啊，我是有切身感受的，前一段时间没怎么锻炼身体，感觉自己的体质马上就不那么好了……"

可以看出，相比于理性回应，感性回应更能拉近彼此的距离。

【微沟通 6】 用复述来强化记忆

复述有一种作用就是可以强化对方的记忆，加强承诺和话语的确定性。

甲："我们这周末签合同吧。"

乙："您是说这周末签合同？"

甲："是的。"

经过乙的复述，一方面可以强化甲周末签合同的记忆；另一方面复述一遍后甲也更加不可能反悔，甲的话变得更加确定并且带有更强的承诺性质。因此，在面对重要的事情时，不妨用一次这样的复述。这样可以增强对方话语的确定性和承诺性，也可以使对方更加不容易忘记重要的事情。

【微沟通 7】 用封闭式问题达成目的

开放式问题可以引起话题，而封闭式问题的作用则在于引导话题，一般用在沟通的后期。开放式问题可以帮助收集到自己想要的信息，而封闭式问题则可以在收集到信息的基础上对对方进行引导。

销售人员："先生，你好，请问您需要买什么衣服？"（开放式问题）

顾客："我要买一条裤子。"

销售人员："请问是正装裤还是休闲裤？"（封闭式问题）

顾客："休闲裤。"

接下来这位销售人员就会进一步用封闭式问题来确定目标，最终促成顾客的购买。封闭式问题可以帮助引导话题方向，有利于实现沟通的目的。

【微沟通 8】 假设式发问留后路

所谓假设式发问，就是将对方带入一种假设的情境中，然后使对方尽量处在一个客观的立场上想问题，最终避免对方以一种不合理的方式应对问题。

甲："假如是你，你怎么处理这样的事？"

乙："是我的话，我会尽量去宽恕并教育孩子的，毕竟还是孩子。"

甲："我要告诉你的是，小明……"

甲通过假设式发问，使小明的妈妈乙对小明的行为做出了客观的评价，使得小明的妈妈更加不可能因为小明的错误而打骂孩子，因为她自己说的"毕竟还是孩子"，要尽力宽恕和理解。

【微沟通9】用假设式问题引发思考

在沟通中，可以用假设式问题启发对方思考，比如像"假如你……"这样的句式。这种句式可以拓展对方的思维，还可以使对方站在他人的角度上看问题，增进彼此的同感。

甲："我觉得他不应该这样做，他这样做不对！"

乙："那我就要问你了，假如你是他你会怎么做？"

甲沉默不语。

很多时候，只有站在当事人的角度才可以理解别人。如果没有站在当事人的角度，对对方行为的理解就容易是片面的。

【微沟通 10】及时反馈很重要

及时对工作结果进行评价，可以促进工作效率，这个评价就是对工作的一种反馈。所谓反馈，就是行为者对自己行为结果的了解，而这种了解又起到了强化他先前的行为的作用，从而促进了行为者出现更多的类似行为，这就是心理学中的"反馈效应"。

表扬和批评对于被试者来讲都是一种反馈，而不予以任何评价就是没有反馈，被给予了反馈的人工作成绩要比没被给予反馈的人的工作成绩好得多。

将这个效应推广到人际关系中，可以得到这样的结论：在沟通过程中，必须给予对方及时、专注的反馈，让对方在反馈的过程中得到你对他的优点或不足的认识，以便他在以后的交际中发扬优点、改进不足。做好这一点，你才能在对方的心里投射你的真诚，才能得到对方充分的信任。

【微沟通 11】寻求自我反馈

自我反馈是你在倾听别人或者自己表达时，由于遇到困惑或疑问，适时停顿一下，问对方"是不是这样"、"你说是这个意思吗"等。通过寻求自我反馈，你和对方在交流过程中的认识就不会发生叙述和理解上的偏差，交流也会更加积极有效。

寻求自我反馈的时机，往往是在对方没有听明白或者露出困惑的表情时。在你表达观点的时候，别人说："请重复一遍好不好？"，"对不起，我没明白你的意思。"或者根据对方的肢体语言和表情看他们对你表达信息的反馈，你可以及时地纠正内容或调整沟通的方式。

【微沟通 12】不要说"我不会怎么样"

有时候，当看到别人做了一件事之后，你会说"我不会做那样的事情的"。这样的说法似乎有批评的意思，即使你本意中不含有那样的意思。比如，两个女伴一起去买衣服。

甲："这件衣服很不错吧？"

乙："是我我不会买这件衣服的。"

乙这样说听起来就像是在批评这件衣服不好看，甚至是在批评甲的品位有问题。然而，如果乙在说完这句话后加上一句：

乙："我的身材可没有你好，我看我是撑不起来的。"

这时候话语的意思就会发生一百八十度的逆转。因为面对别人时，尽量不要说"我不会怎么样"，因为这听起来像是在批评甚至指责对方做了一件不好的事。如果不小心说出了这句话，要立刻补上积极的解释，即自己因为能力不够或者条件不足以做那样的事。

【微沟通13】避免说"你想我怎么做"

在沟通中要避免说"你想我怎么做"这句话，这句话有反讽、挑衅甚至指责的意思，容易使别人产生误解。更好的表达方式是"不知道我这样做合不合适"，或者说"你认为怎样做会更好一些呢"，然后耐心听取对方的意见。

甲："你这么做似乎有些欠妥。"

第一种表述：

乙："那你想我怎么做啊？"

甲："我想你怎么做？你要这么说话，这事就跟我没关系，你自己看着办吧。"

第二种表述：

乙："你认为我怎样做会更好一些？"

甲："我觉得你最好先……"

在上面的对话中，可以明显地看出"你想我怎么做"这句话会给别人带去不好的感受，因此在沟通中要尽量避免说这句话，除非你真的准备指责、反问对方。

【微沟通 14】情感反馈的作用

在与他人沟通时，情感反馈很重要，情感反馈表示了对对方的同感和自己对沟通的专注。如果对方说了很多让你高兴的事，但你却始终面无表情，一方面对方可能认为你没有在听他说话，另一方面对方会觉得你很冷漠。如果在对方说到高兴的时候，你也能变得开心起来，这样的沟通就会更加有效。

很多时候，你需要对对方在讲话时的情绪进行反馈。如果对方是悲伤的，你则需要面露同情；如果对方是愤怒的，有时你也需要表现出一丝怒气；如果对方是快乐的，你也需要用自己的快乐回应对方，以获得情感上的共鸣。

【微沟通 15】用"并且"换"但是"

当别人说了一个你认为不错的点子时，你发现这个点子其实又有改进之处，于是你说了这样的话："你的想法很不错，但是你需要……"一旦有了"但是"这个词，你前面的赞赏就会显得苍白无力，别人会以为你只是要给他提建议，甚至显示自己的聪明，并不是要真的赞赏他。

这时候，一种有效的方式是用"并且"换掉"但是"。比如可以这样说："你这个想法很好，并且你发现没有，如果把……改动一下，是不是会更好？"这样的说法比用"但是"要好很多。"但是"的重点在后面，是转折；而"并且"则没有转折的意思，只是表示递进。

【微沟通16】 避免打断别人

避免在别人说话的中途打断别人，如果你有其他观点或者疑问想阐述，也要等到别人把话说完，中途打断别人的谈话是很不礼貌的行为。当你中途打断别人的谈话时，别人可能也不会认真听你阐述自己的观点。

甲："事情是这样的……遇到这种人真的很无奈。"

乙："是啊，其实你可以……"

甲："别急，你先听我说完后面的事。"

特别是像上面这个对话中别人向你倾诉时，你需要做的是不断地鼓励对方继续说下去，适当地予以情感回应，而不是急于提出自己的见解。对方需要的不是你的见解，他需要的是你的倾听。

【微沟通17】 集中精力听别人讲

在倾听别人讲话时，集中精力很重要。如果人们发现对方没有认真听自己说话，大多数人都不会愿意再多讲。

集中精力就要求你在听别人讲话的时候，不要左顾右盼，不要看窗外或者屋子里的其他事情，但在沟通之前可以做这些事。如果你发现自己精力不集中，可以换个姿势倾听。

另外，还可以用给予对方适当的反馈，比如"嗯"、"为什么"、"然后呢"等引导对方说下去，说这些话时也传递给对方自己在集中精力听他说话的感觉。

【微沟通 18】沟通时如何避免分心

在沟通中需要避免分心，特别是那些需要集中精力进行的商业或者情感沟通。要避免分心，就需要找一个安静的地方，接下来营造出一个小空间，在狭小的空间内彼此的精力会变得比较集中，不容易分心。

营造小空间的方法一般是在夜晚的时候只用一片灯光照亮你们周围有限的空间，这样就可以使这个空间变得狭小而更加有利于彼此把注意力集中于交谈中。还可以选择在一间小包间里，小包间里空间小也容易集中注意力。

此外，如果你们是在比较空旷的地方交谈，你可以想象你们在一个密闭的空间里，并在交谈的过程中，心中默念对方所说的词语，这样也会使你们更加集中注意力于沟通中。

【微沟通 19】避免问题太多

避免在对话中问太多的问题，因为那样会使你们之间的对话变得像审讯一样。这同时也表明了你没法就对方的回答进行扩展，也没法提出自己的见解。如果你向别人提太多的问题，这场对话就更像是一场审讯了，或者说显得你没办法就这个话题分享自己的见解和思路。

更加合理的方式是尽量问一些自己可能了解的问题，这样你就可以对对方的回答进行一定的扩展，然后在扩展的过程中再加入自己的问题。

A：“你喜欢看哪位作家的作品？”

B：“川端康成。”

A：“川端康成，我看过他写的《雪国》，这部小说……对了，除了川端康成，你还喜欢哪位作家？”

这样谈话的结构就显得更加合理，在扩展论述一个话题之后再提出新的问题，而不是不断地发问，那样可能会使对方觉得厌烦。

【微沟通 20】如何面对对话中的尴尬瞬间

有时候在沟通中会遇到“你在征求对方意见或者作请求时，对方没有回应你”的问题，这时会显得有些尴尬。面对这种情况，应该如何处理呢？

比如你对别人说：“我想认识你！”或者“我们一起走怎么样？”如果对

方没有马上回答你，你就不能等着对方回答，要马上切入第二句闲聊，这样就可以避免沉默或者尴尬局面的出现。你接下来可以说一些“今天×××的演唱会如何如何”、“这个地方怎样怎样”之类的话，这样双方就都有台阶下了。

第7章

动作表情，要让人舒服

人通常会用两种语言来沟通，一种是有声语言，另一种是无声语言。无声语言主要是指肢体语言，肢体语言的沟通很多时候比有声语言更为重要。

【微沟通 1】与他人握手应该注意哪些问题

与他人见面时，我们会经常做的一件礼节性的事情就是握手，握手表示了对对方的友好态度以及礼貌。那么，握手应该注意哪些方面呢？有以下几个细节：

- 主动伸出右手。
- 握手时一定要微笑寒暄。
- 握手时应先脱手套。
- 不要表现得过分夸张、热忱。
- 握手时不要将另外一只手插在衣袋里。
- 不能坐着，要站起身来与人握手。

在日常生活中与人握手的时候，一定要注意这些细节。只有这样，握手才能传达友好和礼貌。不正确的握手反而会让人觉得不礼貌，甚至不受尊重。

【微沟通 2】沟通中身体语言的 SOFTEN 法则

在沟通中，身体语言会传达出大量的信息给对方。因此，一定要注意自己的身体语言给对方带去的影响。沟通中运用肢体语言时，应遵循 SOFTEN 法则：

- S＝Smile（微笑）
- O＝Open Arms（张开的双臂）
- F＝Forward Lean（身子前倾）
- T＝Touch（接触）
- E＝Eye Contact（眼神交流）
- N＝Nod（点头）

以 SOFTEN 法则为准则，经常进行肢体语言练习并在交谈过程中有意识地使用肢体语言，不仅有助于更好地发出和接收信号，而且也有利于鼓励别人接近自己，达到良好的沟通状态。

【微沟通 3】点头，流露出赞同的态度

点头表示同意、认可的意思，如果对方在说某句话的时候用眼睛注视着

你，表明他在征求你对这个问题的态度，这时你应投以真诚给对方，同时点头表示赞同。

点头时要注意频率，每次点头 2～3 下即可，且要缓慢，不要快速而又频繁地点头，这样会给对方你不耐烦的感觉。如果对方没有注视你，则可以适当地“咳嗽”一下，以表明你在听。

【微沟通 4】 用身体语言表达对对方的兴趣

如果你只是说自己对对方很感兴趣，却没有用相应的身体语言去配合，那样只会让别人觉得你虚伪甚至感觉受到被欺骗和不尊重。那么，用身体语言如何表达对对方的兴趣呢？

具体来说，当你坐着时，应该坐在沙发或椅子的前沿，身子前倾，头微微倾斜，眼睛平和地看着对方的眼睛，表示自己对对方的谈话感兴趣。相反，如果坐在沙发或椅子上，身子后仰，甚至转来转去，则是一种轻慢、失礼的表现。

当你站着的时候，应该将身体和脚尖朝向对方，再配以注视以及身体适当前倾，这样也可以表示对对方是感兴趣的。

【微沟通 5】 沟通中眼睛的运用

眼睛是心灵的窗户，在沟通中应该如何运用自己的眼睛去实现与对方的沟通呢？

在沟通中，眼睛应该平和地看着对方的眼睛，最好在看的同时面带微笑，这样你的注视就代表着你对对方有兴趣。因为过于严肃的注视意味着对对方所说的话有异议甚至表示了敌意，所以应尽量避免在看着对方时表情过于严肃。

还有一点需要注意，长时间面对面看着对方的眼睛时，会导致双方感觉不自在或者不好意思。所以要学会时不时地将自己的眼睛移向别处，或者看着对方的眉心与脸颊所形成的三角区域。

【微沟通 6】看着别人的眼睛

在与人沟通时，看着别人的眼睛既是一种礼貌，还可以展现自己的自信，也能增加对方对你的好感。曾经有一位女士因为感觉自己在大城市交不到朋友而沮丧，心理学家给她出了一个主意，就是在碰到别人时，去发现别人眼睛的颜色。

就是这么简单的一个方法，却最终极大地改善了这位女士的人际关系。她之前觉得周围人不怎么搭理自己，几个月后她发现越来越多的人对她微笑点头示意，甚至有几位男士还主动向她搭讪，其中一位很可能会成为她的男友。

就这么简单的一个方法，看着别人的眼睛，就可以大大地改善一个人的人际关系。可见，“眼睛是心灵的窗户”这句话确实不假。因此，如果你想改善自己的沟通和人际关系，就要学会在见到别人时多注意他们的眼睛。

【微沟通 7】眼睛要正视对方

眼睛会传达你的所有感情和想法，要想让别人喜欢，眼睛交流是非常重要的一环。要练习正视对方，这会赋予你友善、诚恳、外向、有安全感、自信和笃定的标签。

• 与男性交谈时，视线的焦点要放在对方的鼻子附近；如果对方是已婚女性，可注视对方的嘴巴，假如是未婚小姐，则看着对方的下巴。

• 视线的范围可扩大至对方的耳朵及领结附近。

• 聆听或说话时，可偶尔注视对方的眼睛。

• 若把自己的双眼视线放在对方的一只眼睛中，就会使对方产生柔和的感觉。

在交流的过程中，善于用自己的眼睛传情达意很重要。但要注意的是，当眼睛看向对方的额头部位时，有可能会给对方敌意的感觉；当眼睛看向对方鼻子以下时，则会给对方暧昧的感觉。

【微沟通8】 不要双手插口袋

今天是史蒂芬到新公司上班的第一天，所以史蒂芬特别希望给大家留下一个好印象。于是，史蒂芬决定无论如何要在见到同事时一一向他们打招呼。早上史蒂芬走进公司时一路上向各位同事点头示意，可是史蒂芬坐到座位上回想时，发现大家对他的反应都非常冷淡。史蒂芬百思不得其解，后来去休息间冲咖啡时听见几个同事在悄悄议论他。

甲："新来的那个史蒂芬可真够拽的，跟别人打招呼还两手插兜……"

乙："就是说嘛，刚来公司就一副'事不关己，老子天下第一'的架势，我最烦这种人……"

史蒂芬这时才明白，原来他有将双手放入口袋的习惯，可是他并没有仔细斟酌这个动作代表的意思，以至于给别人留下了傲慢、冷漠的第一印象。如果你想给对方留下热情、积极的第一印象，那么现在就将手从口袋里拿出来，因为这个姿势代表了你拒绝介入别人谈话情境的姿态！

【微沟通 9】和内向的人说话要动作少

和不同性格的人说话时肢体动作的多少应该是不同的，和内向一些的人说话时要尽量减少肢体动作。过多的肢体动作会让他们觉得你装腔作势，说的话不可信；而较少的肢体动作则会使你显得更加稳重，进而更加可信。

内向的人对有过多肢体动作的人怀着近乎本能的不信任，他们倾向于认为过多的肢体动作意味着不可靠、太过花哨，从有过多肢体动作的人嘴里说出来的话他们也倾向于认为不可信。因此面对内向一些的人，在说话时要减少肢体动作，特别是你想让自己的话听起来可信时。

【微沟通 10】和外向的人说话要动作多

在与外向一些的人沟通时应该适当地多一些肢体动作，那样会使你所说的话显得更生动、更具感染力，你这个人也会显得更有趣、更有活力，他们也会更加愿意与你继续交谈。

相反，如果你的肢体动作过少，就可能会被认为缺乏表现力，你这个人也可能会被认为是一个古板无趣、不善交流的人。在这种情况下，他们自然也就不会和你多说话了。

因此当你遇到比较外向的人时，在与对方沟通的过程中可以适当地多一些肢体动作，这样有助于你与对方的沟通。

【微沟通 11】怎样学会读唇语

在电影里你会看到有些特工会一种神秘的技巧，那就是读唇语，即使是相隔对方一段距离也能看清楚对方在说什么。

学会读唇语，确实会对一个人的人际沟通有很多好处。那么，应该怎样学会读唇语呢？其实，学读唇语并不是那么神秘或者复杂，一个简单的方法就是在看电影时将电视机或者电脑的声音调成静音，然后练习去看他们在说什么。

这需要持续的坚持练习，每天一两个小时，坚持几个月后，你就会发现自己读唇语的能力会有显著提升。其实，大多数人都或多或少具有一定的读唇语的能力，只是很少有人刻意去练习这种能力。

【微沟通 12】 空手轻握显精细

在与他人沟通时，如何使自己的观点显得更加精细呢？一种简单的方法就是在说话的同时，做出空手轻握的动作。这种动作的典型模式是将自己的拇指与食指和中指的指尖贴在一起。

做这个动作时几个手指头轻轻接触，仿佛是要捻起一根针那样。这样的动作具有很强的无意识的暗示性，暗示对方你的观点就像是针那样细致严密。当你在阐述观点的同时做出这样的动作就会让对方产生你的观点比较精细严密的感觉。

因此，如果你在讲话中想使自己的观点显得更加精细严密、更有说服力，就可以用这样的动作来暗示对方。这样的暗示可以将你所说的话和精细严密联系起来。如果听众认为你想问题想得比较精细严密，自然你所说的话也会变得更有说服力。

【微沟通 13】 握手的标准方式

握手的时候不要相隔很远就伸直手臂，也不宜距离太近，和握手对象之间的最佳距离大约为 1 米。握手时应双腿立正，上身略向前倾，伸出右手，四指并拢，拇指张开与对方相握。

握手的力度应大小适度，不可过轻也不可过重，握手时也不要拽着不放对方的手，除非你们是多年未见的好朋友。在握手的同时还要眼睛看着对方，握住对方的手之后上下稍许晃动三四次，随后松开手，恢复原状。

当你和别人握手时，可以遵循以上事项，这样就可以给彼此带来一个好的握手感觉，为后面的沟通奠定良好的基础。

【微沟通 14】 有力握手有助于沟通

美国一项研究发现，握手有力的求职者受雇佣的成功率远远大于握手无力的求职者。之所以一个简单的握手就有这样的作用，是因为首先握手是应聘者与面试官见面之后第一件要做的事，这件事做得怎么样，就关乎应聘者给面试官的第一印象如何。

再者，有力的握手会给别人自信、热情以及干练的感觉；相反，软弱无力的握手则会给别人没精打采、缺乏活力的感觉，这种感觉会影响面试官对应聘者的第一印象，进而最终影响到面试的最终结果。

另外需要指出的是，有力的握手对女性求职者的帮助更大。因此，如果你想在沟通中给对方留下一个良好的印象，那么就要在沟通开始时先和对方有一个有力的握手。

【微沟通 15】握手向上表示尊重

在与他人握手时，握手的过程本身就可以表示出身份和地位的差别。当你与上级或者长辈握手时，为了表达对对方的尊重，可以将自己的身体稍微下弯，手掌向上和对方握手。

这样一方面可以使对方显得比你更加高大，另一方面对方的手掌会处在你手掌之上，手掌在上者一般地位更高，因此你就可以通过这种方式向对方表达自己的敬意。

【微沟通 16】握手先后有讲究

握手是要讲究顺序的，这种顺序不仅表现在和谁先握手，还表现在谁先伸出手，握手时不能随意和别人握手或者随意地先出手。

从谁先出手的角度来讲，一般是“先尊后卑”，也就是地位更高的一方先伸手，地位卑下者再伸出手去响应地位高的人。具体来说，男女之间的握手应该女士先伸手，如果女士没有主动伸手，男士也不能贸然伸手，可以用微笑代替握手。主客之间，主人应该先伸手；上下级之间，上级先伸手；长幼之间，年长者先伸手。

当需要出席多人聚集的场合，握手则应讲究先后次序，这时候也是遵循“先尊后卑”的原则。先和地位高的人握手，再和地位较低的人握手。具体来说，就是“先年长者后年幼者，先长辈后晚辈，先老师后学生，先女士后男士，先已婚者后未婚者，先上级后下级”的握手顺序。

【微沟通 17】握住指尖显冷漠

握手时如果只是握住对方的指尖会显得比较冷漠，即使是你先伸出手也会给别人这种感觉。因为只握住指尖意味着不愿意多接触别人，只是象征性地握一下，这很容易给人以冷漠的感觉。

当然，也有一种情况除外，那就是假如你是女性，和对方特别是和异性握手时就只需要伸出指尖就可以，然后等待对方轻轻握住你的指尖上下摆动一两次，这就完成了一次异性间的握手。

【微沟通 18】沟通时的站姿

在沟通中，一个人的整体精神面貌也很重要，整体精神面貌的一个重要来源就是一个人的站姿。当你还没走近一个人时，首先看到的就是他的整体站相，这就是首要的第一印象，这种第一印象会影响到你与对方的沟通。

那么在与他人的沟通中，怎样的站姿才能给别人一个良好的第一印象呢？具体有以下四点：①抬头，两眼平视前方或者对方，嘴唇微闭，下颌微收，面带微笑；②双肩放松稍下压；③挺胸收腹直腰；④双臂自然下垂，双腿微合并立。

这样的站姿不管是对于男性还是女性来说，都可以体现出自己良好的精神面貌。一个小小的区别在于男性更讲究挺胸抬头，下颌微微向上；而女性则需要更加强调下颌微收。这样一个小小的区别就可以带来整体上更具男人味和女人味的区别，进而为后续沟通的顺利开展奠定基础。

【微沟通 19】沟通时的坐姿

在与他人沟通时，坐姿也很重要，不同的坐姿代表着不同的含义。正确的坐姿应该是下面这样的。

总体来说，男士的坐姿要端正，女士的坐姿要优雅。

- 入座轻柔和缓，起座端庄稳重。
- 在别人未坐定之前，不宜先坐下。坐下后，不要频繁变换姿势，也不要东张西望。
- 坐在椅子前部，头要平正，腰杆挺直，双手自然下垂放于自己的腿上。
- 上身要自然挺立，稍前倾，不东倒西歪。
- 两腿靠拢，两脚平落在地上，不要摇晃或抖动。
- 交谈时，勿以双臂交叉放于胸前。

这样的坐姿可以给人或端庄或沉稳的感觉，对沟通的顺利进行有好处。相反，如果背靠椅子坐着，而且头仰起来，那样会给别人傲慢懒散的感觉。对于这样坐姿的人，没有人愿意和他多说几句话。在领导面前更不能出现这样的坐姿，你什么话都不用说，这种坐姿本身就是对领导的挑衅。

第8章

空间位置，你注意到了吗

你怎么站、怎么坐，以及你和他人的距离，甚至你向别人的哪只耳朵说话等都会影响你们的沟通效果。

【微沟通 1】 沟通中的空间距离与心理距离

在与人交往中，可以适时地利用空间距离调节与交往对象的心理距离，以获得良好的交流效果。表 8-1 是人类学家爱德华·霍尔博士研究得出的在不同场合之下最佳的人际交往距离。

表 8-1 不同场合下的人际交往距离

<table>
<tr><th>距离</th><th>范围</th><th>动作表现</th><th>心理效果</th><th>适用性</th></tr>
<tr><td rowspan="2">亲密距离</td><td>近：少于 15 厘米</td><td rowspan="2">面对面的交谈，挽手臂或窃窃私语，能够清楚地看到对方的表情和眼神</td><td rowspan="2">亲密友好</td><td rowspan="2">关系亲近的人之间</td></tr>
<tr><td>远：15～44 厘米</td></tr>
<tr><td rowspan="2">常规距离</td><td>近：46～76 厘米</td><td>握手，亲切交谈</td><td>友好、亲切</td><td>熟人之间</td></tr>
<tr><td>远：76～122 厘米</td><td>除交谈二者外，第三方可以自由进入空间</td><td>友好，不会给对方造成侵犯</td><td>陌生人之间</td></tr>
<tr><td rowspan="2">社交距离</td><td>近：1.2～2.1 米</td><td rowspan="2">社交性或礼节性的接触，友好、礼貌的沟通</td><td>礼貌、尊重</td><td rowspan="2">工作场合或社交聚会</td></tr>
<tr><td>远：2.1～3.7 米</td><td>更加正式、庄重</td></tr>
<tr><td rowspan="2">公众距离</td><td>近：3.7～7.6 米</td><td rowspan="2">多扫视，少注视，彼此间未必发生联系</td><td rowspan="2">正式，但很随意</td><td rowspan="2">多为大众演讲</td></tr>
<tr><td>远：大于 10 米</td></tr>
</table>

一般来讲，社交距离是日常生活中与他人接触时经常采用的距离，这样既不疏远又不过分亲近。

【微沟通 2】 沟通中的距离调整

在与对方接触的过程中，有时还需要根据不同的需要和条件适当地调整双方的空间距离。具体来说，大致需要注意以下几点：

• 同性之间可以采用比较近的常规距离以拉近双方关系。

• 在办公室里摆放一张较为宽大的写字台，并在与之距离稍远的位置摆放为来访者准备的沙发，可在无形之中增加庄重感。

• 与异性接触，尽可能采取稍远的社交距离。

根据不同性别和情景适当调整彼此的空间距离，可以为沟通营造一个更加合适的氛围。

【微沟通3】 在与朋友沟通时站得近一些

人际空间有不同的种类，在与朋友交往时，要尽力站的离朋友近些，那样会让你们的谈话变得更加亲密和深入。其实你会发现，在两个人沟通时，两个人站的越近彼此之间的谈话就越亲密。

相反，如果你站的离对方较远的话，你们之间就难以有较深入和亲密的谈话。因此，在与朋友交流时应尽量站的离对方近一些，这样有助于你们发展为更加亲密的关系。

如果你在交谈中一直与对方保持较远的距离，会给别人“拒人于千里之外”的感觉。即使你想和别人发展成为更加亲密的关系，也难以发展成为更加亲密的关系。

【微沟通4】 正常沟通中的坐向

在与他人的正常沟通中不宜采取面对面的坐向，这样的坐向容易给彼此带来压迫感和对立感，特别是在两人之间没有桌子的情况下，面对面坐着沟通的压迫感很强。面对面沟通在比较亲密的人之间不会产生压迫感，但在不是很亲密的人之间容易产生压迫感甚至敌对感。

更好的坐姿应该是侧身或者与对方取直角而坐，这样的坐向就没有了那种强烈的压迫感以及敌对感，留给彼此更多的个人空间，使双方的沟通变得更加自然和友好。

【微沟通5】 表达好感时的坐向

在表达对一个人的好感时，斜坐着或者坐在一起都不是很好的坐向。在这两种坐向下表达对对方的好感的效果都不会很理想，特别是斜坐着时，最好不要在这样的坐向下表达对对方的好感。

这时候最好的坐向是面对面坐着，因为面对面坐着时，彼此都可以看见对方的脸和眼睛，方便进行眼神的交流。在对对方表达好感时，最好能同时深情地望着对方的眼睛，那样会使表达变得更加有感染力。

如果实在不好意思面对面坐着，也可以选择并排坐着时表达好感，不过那可能会使对方觉得你根本没有勇气对他表达好感。因此，最好的方式还是要面对面深情地望着对方表达自己对对方的好感。

【微沟通 6】 坐在同侧沟通更容易达成合作

当两个谈话的人坐在桌子的同一侧时，彼此都会不自觉地更多提及两个人的共同点。因此，如果你想在与对方的沟通中强调彼此的一致性和共同利益，就可以考虑和对方坐在同一侧。

需要指出的是，这样的就座方式需要你们有一定的关系基础。如果你们还不熟悉，这样的就座方式可能会使对方产生更强烈的防御心理。对方可能会把自己的手臂挡在你们中间，甚至可能会觉得你让他反感。

当然，也可以用其他理由使同侧位置变得合理化，比如帮对方忙的时候，可能需要在同侧，这样就可以减少对方的防御心理了。

【微沟通 7】 面对面强化差异性

在与他人沟通时，如果你想强化自己与对方之间的差异，就可以选择和对方面对面坐着进行沟通。这种面对面的沟通可以表达观点、身份、地位等方面的差异性，也突出了两者的对抗性。

就像是上下级之间一般都是面对面坐着，这样更能体现出上下级关系的差异性；谈判双方也是面对面坐着，这样更能体现出两者之间的对抗性关系。

除非是和自己很熟悉的人，和大部分人面对面坐着都会强化两者之间的差异性。因此，当你希望强化彼此之间的差异性时就可以选择这种坐向，当你不想凸显你们之间的差异性时就要避免采取这种坐向。

【微沟通 8】 角落位置沟通的用处

和沟通对象不熟悉，采取合作性位置会激起对方的防御心理。那么，如何减少敌对性又不激起对方的防御心理呢？

这时候，可以选择坐在 90°的位置。这样的位置因为彼此没有面对面，因而没有那么强烈的对立感；又因为彼此没有坐在同一侧，因而彼此仍然保持着独立性，不会侵犯到对方的私人空间。

在心理咨询中，一般都会采用这样的就座方式。就是因为心理咨询师一方面不对立于咨询者，是扮演咨询者的帮助者；另一方面他们各自又都是独立的。

【微沟通 9】对着右耳说话更有效

在向别人提出请求或者要求时，应该对着对方的哪只耳朵说话呢？也许你会觉得这个问题有点怪，这有区别吗？

答案是有！心理学的研究发现，对着对方的右耳提出请求相比于对着对方的左耳提出请求，对方更容易答应。而且研究还发现，对着对方的右耳提出请求对方答应的概率比对着对方的左耳提出请求对方答应的概率整整高出一倍之多。

其原因有两点，一方面可能与大部分人习惯用右手有关，这使他们更偏好右边的事物；另一方面可能与听觉信息的传导机制有关。总之要记得，沟通时说话要尽量对着别人的右耳说。

【微沟通 10】桌子的形状影响沟通氛围

当人们坐在不同的桌子旁时，可以形成不同的沟通氛围。比如长条形桌子有明确的权力属性，坐在桌子一端的人往往是最有权力的。其他离他越近，权力也就越大。我们看古装剧时都可以看到，帝王一般会坐在正对着门的一个座位上，而群臣则坐在他的两侧，权力越大，坐得离帝王就越近。这种长条形桌子可以增加最高权力者的威严，坐在这种桌子旁适合下命令。

另外一种桌子是正方形的，坐在这种桌子旁的沟通倾向于比较保守、守规矩。如果一个公司想加强自己的规范性，就可以多选用这样的桌子摆在办公室内。还有一种桌子是圆形的，坐在这种桌子旁容易形成开放、民主的沟通氛围，因此有助于产生新的创造性的想法。当几个人在一起讨论创意的想法时就可以选择坐在这种桌子旁，如果一家公司在开会中希望多激发员工的创意也可以选择这种桌形或者椭圆形的桌子。

第 9 章

把握主导权的方法

在沟通过程中，谁把握主导权，谁就可以使沟通的结果朝向更有利于自己的一面发展。

【微沟通 1】巧用握手压制对方

主导格局有一个简单的方法，那就是“装模作样”地与对方握手，通过伸手、轻握、主动撒手等方式能够压制对方，抢占控制权。

想让对方听你说话，或者想传达“我是负责人”的信息时，握手时手掌应该向下，这样就显示了“你的地位比我低”的气势，此外，握手时间稍微长一点，也能让对方感觉到你的气势，因为这在无形中传达了“我已经控制了你”的信息。

此外，你可以边用右手握，边用左手轻轻地抓住对方的右胳臂。这是潜意识地暗示着“封锁对方的右手”犹如“无人能逃出我的手掌心”的说法，右手就是“我”的象征。所以封锁对方的右手，就是抑制对方的“我”，就能若无其事地暗示由你掌握了主导权。

【微沟通 2】双手握手的妙用

双手握手表达热情。其实，双手握手可以看做是一种缩水后的拥抱，它增加了与对方的身体接触，因而更能使对方感受到自己的热情。阿拉法特生前最喜欢用这样的方式握手。

双手握手还有一种妙用就是掌握主导权，当对方将自己的手掌压在你的手上试图获得控制权时，你可以立刻送上自己的另一只手握住对方，把对方的手再盖住，这样就可以帮你重新获取控制权。因为当你双手握住对方的手时，你用自己的手包住了对方的手，这种包围就破解了对方对你的压制，而且包围本身还可以使对方的利手整个处于你的控制之中，对方自然就会陷入被动境地。

【微沟通 3】站起来说话更有威信

当你坐着说话时，一方面你的声音不容易扩展，另一方面你的体型显得较小，这时候你说出来的话也会变得更加缺乏说服力。

而当你站起来说话时，一方面你的声音更大，另一方面你的体型也显得更大，别人听你说话都需要仰视你，而需要人们仰视的事物在人的潜意识里总是更有权威、更加有力的，因此这时候你说出来的话也会更有说服力。

因此在会议发言中，要使自己的发言变得更有力、更具权威性，应尽量站起来发言。

【微沟通4】威慑对方的“椅子”

使用“椅子战术”，可以帮助你有效扩大主场的心理优势。

比如，给对方准备又低又舒服的椅子，使对方坐上去就很难站起来，甚至连身子也不好动。而且这种椅子会让对方呈现一种向后下陷的姿势，只能仰视你。这样，对方就有可能更轻易地答应你的要求。

如果椅子带有扶手，效果会更好。因为椅子带有扶手，对方就不方便使用手势等肢体语言来展开谈判，这样就能扩大你的优势。而且，如果椅子没有靠背，这会使得对方心理上缺乏安全感，也更容易答应你的要求。

【微沟通5】用提问获得沟通的主动权

在沟通中，往往提问较多的一方是占据优势的一方，而被提问的一方则往往处于被动的状态中。

甲：“你周末都是怎么过的?”

乙：“看看电影、爬爬山、打打球之类的。”

甲：“哦，我也喜欢看电影，你喜欢看哪类电影呢?”

乙：“我喜欢看……”

可以看出，谁先问问题一般话题就会被谁主导，另外一个人即使后来发问，很可能也是在先发问者所提到的话题范围内发问。因此，如果你在沟通中想占据主动位置，就要主动发问，而且要比对方问的问题更多，那样你就更有机会主导沟通的过程了。

【微沟通6】少用弱势语言让你占据主导位置

在沟通中，语言可以展现出一个人的权威和自信。很多时候，从语言上就可以看出沟通双方谁占主导。我们来比较一下面两段话：

“经理，对不起，我猜……嗯……我可能没有办法及时完成工作。我有一些自己的私事要办，也许下周二之前我可以完成工作，您觉得可以吗?”

“经理，我不能准时完成这项工作，因为我有重要的私事要办，我会在下周二前完成这项工作。”

可以明显地看出：第一种表达比较不确定，缺乏自信；而第二种表达则比较确定，也比较有自信。通常称第一种表达为弱势语言。研究表明，使用太多弱势语言的人会被认为没有权威性，而且缺乏社交魅力，这样的人自然难以在沟通中取得主导位置。

弱势语言的特点在于犹豫不定，多用请求问句，而且其间还夹杂着大量的转折。比如“我们可以试下……”、“可以开餐了，是吗”、“我不确定是否……但……”等。在沟通中，一般要尽量少用这样的语言，因为那样会降低你的社交魅力，使你失去沟通的主导位置。

特别是在职场中，这种语言还意味着这个人办事比较拖延、没有效率。

【微控制7】背靠墙，获取沟通主导权

一种获取沟通主导权的方式就是处在沟通中的优势位置，比如前面说到的椅子战术。另外一种方式就是在站着或者坐着时，要使自己坐在面朝门、背靠墙的位置上，这些都可以增强自己在沟通中的优势，这些位置也被称为优势位置。

相反，要使对方处于弱势位置上，当然也可以让对方坐在背靠门口或者过道的位置上，这些都会使对方失去优势。

也就是说，在沟通中要想获得主导权，一是要使自己处在优势的位置上，二是要使对方处在弱势的位置上。这样沟通时，你首先在气势上占据了主导，而这种气势也可以使你在沟通中更有可能占据主导权。

【微控制8】用强势的肢体语言，获取沟通主导权

强势的肢体语言也可以帮助一个人取得沟通中的主导权。比如双手叉腰的动作，这个动作会使一个人的体积变大，就像是很多动物在恐吓敌人对会设法扩大自己的身体面积那样，这样做可以增加自己的权威性。

另一种在沟通中获得主导权的方式是侵入对方的私人空间。比如用自己的手抓住对方的胳膊，或者拍拍对方的肩膀。这些方式都可以使一个人在沟通中获得主导权。

【微控制9】约在自己熟悉的地方，获取沟通主导权

在与人沟通中，要想获取主导权、制人而非制于人，就要使自己处在主场位置。就像体育比赛中存在主场优势一样，沟通中也一样存在主场优势。要获得这种主场优势，可以选择一个自己熟悉而对方陌生的地方见面。

在自己熟悉的地方见面，这样自己会感觉比较有安全感。人一旦有足够的安全感，做起事来就会底气十足，在沟通中也不例外。在自己熟悉的地方沟通可以使自己获得主场优势，更加可能取得沟通的主导权。

而对方则由于处在陌生的环境中，容易缺乏安全感，因而在沟通时难免底气不足。因为人的潜意识中是对陌生环境持一种防御性态度的，所以对方就容易将沟通的主导权拱手让给你。

特别要注意的是，在沟通一开始对方还没有习惯陌生环境时就要迅速获得沟通的主导权，因为到后面，一旦对方习惯了陌生环境，你的优势就会大大降低。

【微沟通10】承接对方的兴趣点，巧妙转折

在气氛冷清的情况下，可以将话题转向对方感兴趣的事情上来。一旦引起对方的注意力，就要简洁明确地让对方听明白，然后把话题牵引到你所期望的谈话目标上来。

在一次公司组织的联谊会上，当小张正絮絮叨叨地和同事说着什么的时

候，一个人忽然开口说："知道吗，后天××要来这里开演唱会了，据说这次演唱会是规模最大的一次哦。"然后，本来是两个人的谈话就变成三个人谈××的演唱会了。这时候小张很巧妙地说道："既然你这么喜欢，我们后天一起去看那场演唱会吧。不过话又说回来，我有件事要麻烦你……"

小张就这样通过话题的转折，轻易地主导了别人的注意力。

此外，还可以通过例行话题作为开场白，搭配合适的肢体语言，轻松制造引起对方注意的细节表现。

【微沟通 11】 当对方啰嗦的时候

当对方开始将过去的事流水账般地翻出来时或者当对方反复纠缠于一些细节时，如果你不想听对方啰嗦，一个较好的策略就是话题，比如将对方的注意力从过去转到现在或者由细节转到整体上。

母亲："想起过去，我和你爸爸……"

女儿："那我现在该怎么办？"

在上面的对话中，女儿可能已经听过很多次母亲的唠叨。这时候，较好的方法就是直接转换话题，提出问题，把母亲的注意力从过去拉到现在来。

第 10 章

实现共鸣的沟通技巧

是否有共鸣是判断沟通是否成功的重要标志，也是沟通能否持续下去的重要标志。如果两个人的沟通缺乏共鸣，那么这样的沟通就难以持续下去。

【微沟通 1】 巧妙地将“自己”融入谈话中

相似性是人际吸引的基本要素之一，在谈话中，如果你能不断突出和对方的相似性，就可以很快拉近交流双方的距离，增加彼此交流的共鸣，使交流变得更加顺畅。

这就需要你在恰当的时候，将自己的经历、感受以及想法等巧妙地融入谈话中，凸显出彼此之间的相似性，营造出共鸣的交谈氛围。

甲：“我是在农村长大的。”

乙：“我也是！你老家……”

或乙：“现在的农村……我也曾……”

这种相似性越深刻就越容易引发共鸣，比如你说你和对方是老乡就不如你说你们有几乎完全相同的兴趣爱好更能增强共鸣，因为后者的共鸣更加深刻。

【微沟通 2】 用顺向求同法向对方传递共鸣情绪

寻找与对方的共同语言，渲染共同体验，缩短双方之间的心理距离，引起心理共鸣。

甲：“我高中时成绩一直很好，但由于高考失利，只考了个普通大学，真是遗憾啊！”

错误回答：“你能力不行，才没考取吧？”

正确回答：“你确实很聪明，一次失利不等于失败，今后可以考研来证实自己的能力。”

其实对方的潜台词是“我有能力”，你要顺着他的意思往下说，并激励他树立新的奋斗目标，并为之努力而走向成功。

【微沟通 3】 用放大求同法向对方传递共鸣情绪

任何事物只要你把它放大到一定程度，它们都在一个空间里了。比如，500 年前是一家，这就是放大求同的意思。

甲：“你们两个从小同学，现在你读名牌大学了，工资高，而我儿子由于家境困难没能上大学，现在学了点技术，在外给人打工。”

这时他绝对不想听到你贬低他儿子的话，你要采用放大求同的方法。

乙："没读大学，只要有一技之长也能很好地生活，我读大学花了那么多钱，耽误了几年时间，现在不也是在给别人打工吗？他在技术上比我发展的潜力大，工资也会升得快。算起来是差不多的。"

这时对方的思想就会平衡些，和你要说的话也就多了起来。

总之，交谈时不要只想着把自己的观点、认知向别人诉说，要听出对方的潜台词，发掘双方的共同之处，并在共识的基础上继续谈话，才能更好地引起对方的共鸣。

【微沟通4】 用存异法向对方传递共鸣情绪

甲："我很担心我的孩子，他祖父、父亲都很矮，恐怕由于遗传因素他也矮。"

这时，你要把准对方的心理，不要说她的孩子肯定会是矮子，因为她想表达的是她不愿意孩子成为矮子。

乙："遗传固然可能，但变异才是更可能的，加之有优越的生活条件，孩子肯定不会矮。"

这样你就说出了对方的心里所想，巧妙地传达了与对方共鸣的情绪，使她得到了极大的心理满足，对你也很自然地产生了好感。

在面试时，你也可以运用存异法来引起对方心理潜在的认同，从而有效传递共鸣情绪。

面试官："你是学法学的，怎么来应聘我们的生产主管？"

应聘者："从行业来看是有那么一句话，隔行如隔山；但从职位来看，隔山不隔理。我不会做得比他们差，我可以做得和他们一样好。"

面试官："嗯！你说得有点道理。请你谈下……"

【微沟通5】 用对比法向对方传递共鸣情绪

面试官："你们大学生就是不踏实，既奢望高工资又想低劳动量。"

应聘者："这点您放心，从学历上看，我是个大学生，从阅历、能力上看，我还是个小学生，要从零开始。"

面试官："我们年轻的时候很多人都和你有一样的想法，到最后只有我们

这些极其少数的人坚持到现在，你会中途退出吗？”

应聘者：“您的经验告诉我，这也是我的经验。您的昨天就是我们的今天，您的今天就是我们的明天，您在昨天那样艰苦的环境都能坚持，更不用说今天的我们。”

面试官：“不错，小伙子很有前途！希望你进入公司之后……”

面试者先把“大学生”的学历与“小学生”的阅历作对比，再把自己与面试官作对比，既褒扬了面试官又巧妙地表明了自己的坚定，引起了面试官的重视，使双方心理相容，产生共鸣。

【微沟通 6】 用理趣法向对方传递共鸣情绪

揣摩对方的心理，顺应他的现状，利用一些有趣的话题，比如幽默话语、开个小玩笑、说个小笑话等，让对方觉得你很好交往，以此引起对方的兴趣。

乙：“您的口才不错啊，挺能说的！”

甲：“多谢夸奖，也就是马槽改棺材。”

乙：“怎么讲？”

甲：“将就材料。”

乙：“不对不对。你这是拽着胡子过河。”

甲：“怎么讲？”

乙：“牵须（谦虚）。”

上段对话中，甲通过歇后语对乙的赞美（口才不错）进行了巧妙地回应，表达了谦虚之意，这种幽默的情绪引起了对方极大的兴趣，对方在心理共鸣的基础上也灵活地运用歇后语表达了对甲的认同，甲乙双方在愉悦的气氛中相谈甚欢。

【微沟通7】以“我感觉”促进情感共鸣

当你在与他人沟通时，如果发现对方经常在谈论自己的感受，比如“我最近感觉不错”之类的话。这时候你就要明白对方比较重视感受，为了促进情感共鸣，你也要多表达自己的感受，多以“我感觉”开始你们的谈话。

甲：“我感觉这件事不是很靠谱，不知道你是怎么想的？”

乙：“我感觉有些地方确实不是很靠谱，不过整体来说还可以，你觉得呢？”

当对方用“我感觉”来开始说话时，你也用“我感觉”就更加容易在你们之间建立共鸣，这种共鸣是情感共鸣，它可以促进你们之间的沟通。一般来说，喜欢以“我感觉”开始说话的人更重视沟通中的情感共鸣。

【微沟通8】以“我认为”促进理智共鸣

在与人沟通中，你会发现有些人喜欢表达自己的看法，这些人对观念性的东西比较感兴趣，他们经常会说“我认为……”。因此，在与这些人的沟通中，你也要多表达自己的看法，更多地用“我认为”开始说话。

甲：“我认为这个机器的设计是有问题的，他没有考虑到使用者的使用舒适度，虽然从性能上来说很不错，但使用起来却不是很舒适，你认为呢？”

乙：“嗯，你说得对，这个机器的这方面确实设计上存在不足，我使用过，不过也许也跟我们的使用习惯有关系，我自己之所以用这台机器是因为我发现虽然开始使用时不是很舒适，但使用一段时间后就会觉得适应了，这个产品的设计确实跟大多数的设计不同。”

当对方以“我认为”开始谈话时，你也要尽量用“我认为”去回应对方。这样你就更容易与对方建立起共鸣了，这种共鸣是理智上的共鸣。这种理智上的共鸣有利于你们之间的沟通取得更好的效果，使用“我认为”开始谈话的人更注重沟通中的理智共鸣。

第 11 章

套取你想要的信息

沟通的目的在于获取信息和联络感情，能否成功地从沟通过程中获取到自己想要的信息是沟通成败的关键所在。

【微沟通 1】用问题置换技术，问出你想要的信息

人天生就有一种防御的本能，因为害怕受到伤害而建立起与外界的一道防线，这在现实沟通中会给主动交流的一方带来障碍。

甲："你住在哪里？"

乙："？"（拒绝回答，并在想他要干什么）

过于直接的提问会使对方产生戒心，使对方拉起心理防线，从而拒绝回答。这时候，就需要学会用问题置换技术。所谓问题置换技术，就是通过问其他问题来获取你想要知道的问题的答案。

甲："你住在假日名城吗？我也住在那里。"

乙："是的。"（惊讶之余流露出佩服之情，赢得对方的好感）

或，乙："不是，我住在××小区。"（无意间泄漏了信息）

"你住在假日名城吗？"这句话的内容并不重要，它只是让对方放松警惕，使其进入您设置的"圈套"。

【微沟通 2】想获取更多的信息，就要学会使用开放式提问

如果你想从对方口中得知更多的信息，就需要学会使用开放式提问。所谓开放式提问，就是所问的问题的答案比较灵活，不是非此即彼的，答案可以有很多的可能性。这种问题一般以"什么"、"怎样"、"如何"、"怎么"或"为什么"开头。

当你想从对方口中得知更多的信息时，就需要运用更多这样的提问方式，少用"是不是"之类的问法。比如，我们可以说："您对这件事怎样看？"这样的提问方式更能获知对方心中的想法。

【微沟通 3】用交换"信息"法获取更多的信息

信息交换具有付出与获得的性质，也就是说，当你把一些重要的信息泄露给对方，对方也会向你提供同等重要的信息。

你可以试着说一些公司内部的重要信息：

"今年春天计划推出一种新产品，这种产品的卖点是……"

"说实话，除了你们公司外，我们也在私下与××公司进行洽谈。"

“按照规定，关于……的事情是不能告诉你的。”

……

把一些“对方感觉重要但知道了也没用的信息”当做内部机密，故意泄露给对方。根据付出与获得法则，对方也会相应地告诉你同等重要的信息。

【微沟通 4】 假装无知，引对方说话

让对方不得不说话的一个有效方法就是“假装无知”。

“哎呀，我不知道啊。你能说得详细一些吗？”

“哎，我不知道还有这么方便的功能，其他的还有吗？”

“这东西还有这功能啊！你帮我讲讲！”

……

当对方听到这样的话语，肯定会开口解释，这是人的本性。因为人人都希望站得比别人高，能当别人的老师。教别人知识会让人自我感觉良好，产生“我很聪明”的感觉。因此，采用假装无知法，可以轻易地让对方开口。

【微沟通 5】 向对方透露自己的隐私

向对方透露一些自己的隐私，通过情绪感染，让对方也主动向你告诉一些他的隐私。通过这种以心换心的做法，你可以轻易地获知对方的秘密。

比如，当你想要获取对方关于恋爱经历的隐私时，你可以主动透露自己的隐私。

甲："我从小到大就一直没女人缘，真是惭愧啊！"

乙："是吗？我比你还惨，经常被人甩。"

通过这种隐私的透露可以很快拉近彼此的距离，增进彼此的信任，从而使对方把自己的秘密暴露给你。

【微沟通 6】 用转折式问句使对方多说话

在沟通中，如果你想使对方更加积极地参与对话，就可以通过用巧妙的转折式问句，引导对方开口多说话。

"刚才我光顾自己说了，你怎么看这个问题？"

"对于……，不知道你的感觉是怎样的？"

"说到这儿我想起来了，听朋友说你有藏碟的习惯是不是？"

"我想起来了，你之前……也许你会有比较成熟的想法？"

"我不太懂这个，你在这方面比较专业，你说说看。"

只有在对方侃侃而谈，而你配合对方的谈话时，对方才可能越说越开心，觉得交谈越来越自如，这样才能建立起良好的沟通氛围。

【微沟通 7】 用推动性反馈使对方继续说下去

推动性反馈是日常沟通交流中最常用的手法之一。它是指在倾听时，用附和声"嗯"、"啊"、"是的"、"对，就是这样"等回应来推动对方的表达。选择推动性反馈手段，可以既不打断对方又给对方积极反馈，给对方留下美好的印象。

在推动性反馈的同时，还可以附上积极的肢体语言，比如身体前倾、目光注视，并加上一些点头的动作，示意自己在认真倾听。

【微沟通 8】 给别人纠正你的机会

故意说错话，让别人来纠正的说话技巧，俗称为"以话套话"。在很多情况下，对方会在不经意间说出重要的信息。

"市场部的叶青，好像是 A 大毕业的吧？"

"不对，他是 B 大毕业的，还留过学。"

“啊，是吗？难怪他能得到这次出国访问的机会哩！不过我觉得你的经历更有含金量，就是机会的问题。”

“希望是吧……唉，谁让人家和领导的关系处得好呢！”

从这段对话中可以看出说话者和同事叶青以及领导的关系一般，说话者有一种怀才不遇的感觉，另外还可以得到叶青的毕业学校以及和领导关系处得好的信息，这些信息的获得都是通过给对方纠错的机会才得到的。

【微沟通9】 怎样让对方解开他交叉的双臂

在交谈过程中，在对方双臂交叉抱于胸前表现出明确的排斥意味时，有几个既简单又有效的方法可以帮你轻松解开对方交叉的双臂。

第一，你可以找一件物品让对方握着，如一份报纸、一支笔、一张宣传彩页，这样对方就不得不松开他交叉的双臂了。

第二，你可以找一件事情让他做，如给他一份问卷让他填写，让他没有机会交叉双臂。

第三，给听众准备有扶手的椅子，这样他就可以把手臂放在椅子的扶手上了。

第四，在交谈过程中，你可以随时让对方看一些需要让他变换坐姿才能看到的资料，如放在桌子上的一个小物品，或者一些图像、影音资料。这一方面可以引导他变换坐姿，另一方面也可以引起对方的兴趣。

第五，如果跟你交谈的不是长辈或领导，当他做出交叉双臂的姿势时，你可以通过善意的提醒来解开他交叉的双臂。如："我看得出你有问题想问，你想问什么呢?"

只有在你想办法松开对方交叉的双臂之后，才有机会从对方那里获取到信息，也更加容易说服对方。

【微沟通 10】用复述来鼓励对方继续说

在有些时候，你需要复述对方的话语。这种复述可以挑对方说的重点进行复述，也可以是一种总结性的复述，就是总结对方话语中所包含的意思，比如像"你是说……?"这样的句式。

复述有很多作用，其中的一个作用是可以让对方意识到你在认真听他说话。因为如果你没有听他说话，你就无法准确复述。特别是当对方找你谈话只是想倾诉时，这时候复述对方的话是很有效的策略，你只需要让他意识到你在认真听，就可以激起对方进一步的表达欲望了。

甲："我最近真的感觉不怎么好……"

乙："嗯，你是说你正在为这件事烦恼?"

甲："是的，我确实很烦恼……"

这种简单的复述表明你在听他说话，这就可以鼓励他继续说下去了。

【微沟通 11】用语言鼓励对方继续说

沟通是双向互动的过程，很多时候听比说更重要。好倾听的一个重要体现就是别人对你有倾诉的欲望，激发这种欲望的一种方法是用语言去鼓励对方继续说，对方说得越多，你得到的信息就越充分，你们沟通的效果就会越好。

甲："我最近工作上很不愉快。"

乙："嗯，有什么问题您可以对我讲。"

在这个对话中，乙用自己的语言鼓励甲继续说下去，这是成功倾听的体现，成功的倾听总是让对方有更多的表达愿望。

【微沟通 12】用身体语言鼓励对方继续说

身体语言在倾听中很重要，一个好的倾听必须有良好的身体语言。比如身体微前倾、目光注视对方，这些都可以激发对方的表达欲望。相反如果身体后仰，目光没有看着对方，则会使对方失去表达的欲望。

在沟通的过程中，可以用点头以及目光交流的方式鼓励对方表达。在点头时要注意避免点头的频率过快，那可能会有不耐烦的意思。用目光交流鼓励对方说话时，则要避免直盯着对方，在看着对方的同时要保持眼光的平和，最好略带微笑。

【微沟通 13】迂回式发问可以得到更准确的信息

所谓迂回式发问就是绕着圈子问问题，而不是直接问对方，直接问对方很容易激起对方的防范心理，不容易得到准确的答案。迂回式发问的要点在于，将对方置于旁观者的角色中，这样对方就容易表露出自己的真实想法了。

甲："你觉得大部分人会怎么看这件事？"

乙："大多数人应该都会认为这件事是不合情理的吧。"

甲："哦，也许是的。"

甲问乙"你觉得大部分人会怎么看"，这其实也相当于问乙自己的想法，因为大多数人都会和大部分人的想法相同，认为那才是合理的。因而虽然乙没有说"我认为这件事不合情理"这句话，但从他的话中可以看出他是这么认为的。

【微沟通 14】 用假设式发问获取真实信息

很多时候，假设式发问可以比直接发问得到更加真实的信息。因为假设式发问形成了一定的心理距离，使对方心理上更加放松，不容易产生防御心理。

甲："假如你获得了一个阿拉丁神灯，可以帮助你实现三个愿望，你会许什么愿望？"

乙："我会许……"

在上面的对话中，甲用一个不可能的假设式问题代替了直接问乙最看重什么，这两个问题是等价的。然而很明显，假设式的发问更加有趣、更加隐蔽，一方面对方更愿意回答，另一方面问者也更有可能得到准确的信息。

【微沟通 15】 用提问表达兴趣

当对方陈述某件事、表达某种观点或表现出某种情感之后，可以多问对方一些问题，一方面可以表达对对方的兴趣，另一方面也可以让对方觉得自己很有能力，同样也会给对方一种虚心的印象。

"你的观点很新颖，能说得再详细一些吗？"

"对于你刚提到的……，你能不能再解释一下？"

听到这样态度认真的提问，对方感受到你在用心听他说话，认真思考他所说的话。这会使他对你好感倍增，也肯定会高兴地继续说下去。

【微沟通 16】 如何确保自己听懂了对方的意思

如果你实在拿不准对方谈话的意思，不妨尝试重述并总结对方所说的话，从对方那里寻求确认，避免因为没有听懂对方的意思而采取错误的行为。

领导："这周末之前你要把上次安排给你的工作给完成了。"

下属："您是说上次您说的员工信息表的事情？"

领导："不是，那个倒不急，我是说上次让你写的文案。"

下属："好的，明白了经理，周末之前一定送到您的办公室。"

很多时候，语言就是需要通过反复阐释才能明确含义的，不要觉得自己没有听懂对方的意思就说明自己理解力差或者其他问题，特别是面对上级交代的工作任务时，拿不准对方的意思时就要及时确认，因为这总比事后犯错好。

第 12 章

要看懂这些沟通信号

在沟通过程中要及时识别对方发出的信号，只有在此基础上，才能谈得上及时有效地回应对方，进而获得成功的沟通。

【微沟通 1】什么时候该转换话题

与对方交流时，如果一个话题持续过长或者对方对这一话题不感兴趣时，要进行话题转换，这样谈话才不会中断，才能保证双方继续交流下去。

当交谈中出现下列情况时，

- 谈话中出现不应该有的冷场时。
- 对方眼神游离，不再和我们对视时。
- 对方不再点头表示认同时。
- 对方的身体不停地挪动时。
- 对方频繁地看表或者有其他动作时。

此时应该毫不犹豫地转移话题，即时转换话题可以使对方继续下去，避免对话中断的尴尬。

【微沟通 2】重复：失去兴趣

如果在沟通中发现从对方那里得到的回应只是“哦，是吗？嗯，原来是这样。哦，那还蛮有意思的”之类的重复和敷衍的话，那说明对方很可能已经对你的话失去了兴趣，即使对方表面上表现的不那么明显。

甲：“你觉得王家卫的电影怎么样？”

乙：“还好吧。”

甲：“《阿飞正传》和《花样年华》不错，你喜欢这两部电影吗？”

乙：“嗯，还行吧。”

甲：“对了，你上次说你去香港，感觉如何？”

乙：“香港蛮不错的，我们去迪斯尼，去了维多利亚湾……”

可以看出当甲谈到王家卫的电影时，乙并不是很感兴趣，只是不断地用“还好”之类的话敷衍甲，甲注意到这一点及时改变了话题，最终把乙的注意力重新拉回到谈话中。

【微沟通 3】简单的问题：失去兴趣

如果在与别人沟通的过程中，你发现对方只是漫不经心地问一些简单的问题，这可能表明他的心思在其他事情上，他对你所谈到的话题没什么兴趣。

比如当你兴趣盎然地对对方说起你的旅行经历时，对方如果只是不经意地问："哦，你们都去了哪儿？你们什么时候去的？"这样的问话很可能只是一种礼貌性的问话，其实对方并不关心你的答案，也就是说对方对你的话题没什么兴趣。

如果对方对你的话题感兴趣的话，他可能会问一些比较复杂的问题，比如"那边有什么好玩的呢？那边的风景如何？哪里最值得去？"等。因此，对方是否一直在问简单的问题是判定对方是否对你所谈到的话题感兴趣的依据之一。

【微沟通 4】 打断你说话：失去兴趣

打断别人的话是不太礼貌的，甚至有时会被看做不尊重别人，因此人们往往会避免打断他人的话，除非有急事或者两个人处于争执状态中。

如果在沟通中，对方有要打断你说话的意思，除非他是一个性格急躁、不懂礼貌的人，要么就说明他对你所谈到的话题确实没什么兴趣，忍不住想说些更有趣的事情。

这时候也许明智的选择是自己先及时变换话题，避免出现让对方打断你说话的尴尬情景。

【微沟通 5】 从姿势判断对方是否失去兴趣

当一个人斜坐着时，而且坐在那里老是动来动去，或者身体靠后地坐着，这很可能表明对方对你所谈到的话题没什么兴趣。对你所谈到的话题感兴趣的人一般会坐的比较端正，肢体动作也比较少。

因此，如果你发现别人出现动作增多、身体斜靠或者后靠等这些信号时，你就应意识到对方对你所谈到的话题没什么兴趣，这时候也许你该换个话题了。

【微沟通 6】 怎样判断对方是否可能接受你的观点

对方越是吹毛求疵，反而越是可能接受你的观点和看法。比如在销售中，如果顾客开始对产品变得挑剔起来了，这时候反而可以判断顾客有购买欲望。顾客可能会这么说：

“这件衣服的袖口有线头啊，你瞧。”

“这台冰箱的门有划痕。”

“你们的产品好像是库存的吧。”

“你们生产的玩具我没有听说过啊，我只知道××牌子。”

如果顾客突然变得挑剔起来说明他有购买的欲望，但出于种种担心，他会极力地挑剔产品来掩饰自己的真实想法。如果顾客没有看中商家的产品，根本不会啰里啰嗦地和销售人员说这些。

同样，如果一个人觉得你的观点对他没有影响，他不可能接受你的观点，那么他就会觉得“不值一驳”。如果他总是在挑这个观点的一些小毛病，则说明他在一定程度上已经接受了你的观点。

【微沟通 7】 肯定的标志：双臂舒展，微微点头

如果听众在抓摸完下巴后，舒展双臂，歪着头思考并有轻微点头的动作，还前倾身体拿起桌上的资料翻查。这时，就可以推断出对方对你的演讲很感兴趣，而且倾向于肯定你的观点。

这时，你应该自信地、更加深入地阐释你的观点，并且用自己的双眼轮流环视周围的听众，还可以在听众中间稍微停顿一下，和这些听众多一些个别的眼神交流。在这样做的同时，陈述你的观点，你很可能就会发现对方马上就对你的观点表示出认同。

【微沟通 8】否定的信号：皱眉，身体后倾

如果对方在倾听你观点的过程中，有紧锁眉头思考的动作，而且放下双手将后背靠在座椅背上。此时，对方对你的观点可能是不太认可。如果接下来对方在倾听的过程中交叉双臂抱于胸前，那么基本上可以确定对方是完全反对你的观点的。

这时，你不应急于推进自己的演讲进度，而是要给这些潜在的反对者一些发表意见的机会，在问题出现时及时解决问题，避免问题越积越深。

你可以告诉大家："可能刚才的观点有很多人不太认可，现在我们就来自由讨论一下，有不同意见的人都可以向我发问。"通过这个交流环节，解决怀疑者的疑问，你就有可能拉回一些反对者。

【微沟通 9】用指尖掏耳朵表示不屑

你正在热情高涨地说着一件事情，而对方却把指尖伸进耳道里掏耳朵。如果你观察到这个动作，你一定会非常不悦，因为这个动作表示对说话者的不敬和对话题的不屑一顾。

甲："我在想不知道这样做行不行……"

乙做掏耳状："哦，看看吧。"

甲："对了，你前一阵说的你那个生意怎么样了？"

在上面这个对话中，甲发现了乙对自己的话题不感兴趣，于是很快把话题转换到了对方身上，通过转换话题，引发对方的谈话兴趣，使沟通得以继续进行下去。

当然，这时你也可以礼貌地提醒对方，微笑着询问对方："您在听吗？您有什么看法？"如果对面坐着的是领导或者长辈，你就应该考虑转换话题或者给对方发言的机会了，就要像甲一样及时转换话题，因为继续说下去也是无效交流，对方的心思不在你的话题上。

【微沟通 10】当吸烟者要结束谈话时

当你和一个吸烟者正在交谈时，你可以通过对方熄灭烟头的时间和情势来判断对方是否想结束对话。如果对方抽完整根烟才熄灭烟头，而且对方拿

起了另一根烟或者端起了茶杯喝茶，那就说明对方想继续和你交谈下去。此时，出于礼貌，你可以询问对方要不要再来一根或者询问对方茶水是否合意、要不要换一种。

如果对方抽烟抽到一半就熄灭烟头，那情形不妙，对方很可能不想继续和你的交谈，他可能已经做好了结束谈话的准备。看到这个情形后，你就应当适时结束谈话，不要再说过多以免引起对方厌烦。

当然，你也可以用这种方法暗示对方你想结束和对方的交谈。具体的做法就是，在你想结束谈话时，把自己吸到一半的烟按在烟灰缸里，然后捻灭，大多数人都会明白这其中的含义。

【微沟通 11】 识别离开信号

在交谈的过程中，如果一个人突然将脚移开并将脚尖指向座位的外侧，说明这个人想要离开了，而他想要离去的方向正是他脚的指向。

假设在一个社交活动中，你一直想认识的两个日用品行业的老总正在一起聊天，你主动打招呼并加入了他们的话题，交谈了没几句之后，其中一个人对你说："很有前途的年轻人，很高兴认识你。"说这句话的同时，这两个老总都将一只脚的脚尖转向另外一个方向。这个动作说明对方并不想和你继续交谈，他们想离开交谈现场。这时，千万不要抓住对方喋喋不休地继续说下去，这样会带来反效果。正确的做法是向对方要名片，然后和对方握手告别。

他们有可能是对你的谈话不感兴趣，也有可能是真的有事要离开。不管是哪种情况都不可以喋喋不休地纠缠住对方，那样只会损害你在对方心目中的形象。

【微沟通 12】双手支撑暗示沟通即将结束

当人们想结束一段对话时，往往会做出双手撑着扶手或者膝盖的举动，这明显是起身的准备动作。当人们下意识地做出这种动作时，表明他们想要结束谈话了。

因此，如果你遇到别人做出这样的动作，你就需要转换话题或者改日再聊。此时你还要判断对方是真的有事，还是只是对你的谈话不感兴趣。如果是不感兴趣，你就需要转换话题了；如果是真的有事，你就需要约对方改日再聊了。

其实，你还可以直接问对方："你这会儿有事要忙吗？如果有事那我们改日再聊？"当然，当你想让对方明白你想结束谈话时，也可以做出双手撑着支撑点的动作，不用你开口大多数人都会明白你的意思。

【微沟通 13】什么时候该告辞

当你去拜访别人时，开始一段时间可能相谈甚欢。但当你发现主人的话越来越少，甚至开始劝你喝茶或者建议你看电视时，你就该告辞了。因为当你们之间没有什么话可说的时候，主人才会建议你做一些打发时间的事。

这里的深层次含义是主人已经不想再陪你"打发时间"了，而是让你用喝茶或者看电视打发时间，因而明智的选择是向主人告辞。主人可能会客套地留你，不过这只是客套。

甲："今天很感谢你的款待，改日你一定要到我家里，到时候也让我尽尽地主之谊，这会儿我该回去了。"

乙："再坐会儿吧，天还早呢。"

甲："我真的得回去了……"

千万别把主人的客套当成是真的挽留，实际情况是很可能你再待下去就会变得不受欢迎了。

第 13 章

幽默也是可以学会的

幽默是沟通过程中的润滑剂，幽默并不完全是天生的，也可以经过一定的练习学会。

【微沟通 1】 最安全的幽默是自嘲

幽默是人际沟通的润滑剂，但是在表达幽默时如果不注意则可能会使幽默变成一种对对方的调侃甚至嘲笑，使对方变得对你有敌意，进而为你们之间的沟通增加障碍和麻烦。

在运用幽默时，要注意一点，那就是应尽量避免拿对方的隐痛或者缺点开玩笑。最安全而且更好的方式是拿自己开玩笑，也就是自嘲。

甲："今天吃什么去？"

乙："最近鸭梨比较大，我知道有家店叫'大鸭梨烤鸭店'，去那儿怎么样？"

甲："哈哈，好啊。"

自嘲一方面可以减轻自己的压力，另一方面也给别人带去了快乐。因此要想使自己变得幽默，就先学会自嘲吧。

【微沟通 2】 不协调感带来幽默

幽默有一个基本的特征就是不协调感，比如伦敦奥运会上憨豆先生的"捣乱"之所以显得幽默，正是因为他与周围环境的不协调感。这种不协调感会引人发笑。

如果你想展现自己的幽默感，就要善于利用周围环境中可能存在的不协调感，或者利用语言中的不协调感，来引发幽默。

甲："那天当我们相距 0.5 米的距离时，他迅速地在我脸上亲了一口。他的嘴唇在我的脸上停留了 0.3 秒，然后又迅速地抽离，他的时机把握得准确无误，可惜动作浮皮潦草。"

乙："哈哈……看来你对他的技术不满意。"

上面的对话中，亲吻这样一件事用距离和时间以及从技术的角度来看，就显得有些不协调，有调侃的意味，因而就显得比较幽默。就像小沈阳一样，小沈阳的小品为什么搞笑，在很大程度上是因为不协调。穿花衣服，带头巾，这是女性做的事，一旦出现在一个男性身上就有了不协调感，进而就有了幽默感。

【微沟通3】出乎意料才幽默

幽默的一个重要特点就是要出乎别人的意料，如果别人都知道你接下来要说什么了，那就不幽默了。

甲："前天晚上，我和我穿着性感睡衣的老婆在门口相遇，而那时她正从外面回来。"

乙："哈哈……。"

上面这个简短的对话中，甲的话之所以引起乙发笑，是因为穿着性感睡衣的老婆应该是在家里，甲却幽默地说，自己的老婆从外面回来，这样说是出乎大多数人的意料的，因而就显得很好笑。

因此，要使自己显得幽默，自己最后说出来的结果一定要出乎听众的意料。就像人常说的，一个再好笑的笑话听过三遍就不好笑了，因为人们已经知道结果是什么了。

【微沟通4】紧张的情境可以产生幽默感

幽默有一个很重要的作用，就是释放紧张。比如弗洛伊德就说大部分的幽默都和让人感觉紧张以及焦虑的事情有关。因此，越是在紧张的情境下越需要幽默感，也往往越能激发出幽默感。

比如在沉闷的工作环境中，或者在自己紧张的时刻，幽默都是很好的润滑剂和可以帮助自己解围的策略。下面是一位演讲者在演讲中表现出来的幽默。

演讲者："你们可能不知道，我在演讲之前一直很紧张，以至于我产生了以下的想象：我会紧张得出很多汗，最后我的汗会像喷泉一样，涌出的汗水淹没了第一排观众。"

对于演讲者的这种自我调侃，听众们大笑不止。演讲者的这种幽默释放了他的紧张感，使他表现得更加自如。更重要的是，这种幽默本身就是用来调侃他自己的紧张情绪的。

【微沟通 5】 在过分严肃的人面前少用幽默

幽默是沟通的润滑剂，当然这也要看和谁沟通。由于大部分人都喜欢幽默，所以大多数时候幽默都是一种有效的润滑剂，但也存在幽默不能起到润滑剂作用的时候。

这就是当你和那些特别古板的人沟通时，你想用幽默来调节你们之间的气氛，但你却最终发现幽默并不能调整你们之间的气氛，反而使氛围变得更加尴尬。因此在面对这样的人时，就不要试图用自己的幽默去改善氛围。最好是说完该说的，然后保持彼此的距离就好。

【微沟通 6】 懂得卖关子加强幽默感

很多幽默大师都善于利用停顿来增加幽默的冲击力，在表现幽默的时候要能沉得住气，直接说出的笑点并不好笑，最好是在说出笑点之前卖点关子并略微停顿一下，那样说出来的笑点就会显得更加好笑。

甲："你结婚了吗?"

乙："还没有呢。"

甲："那你要快点了"

乙："为什么哦?

甲："再不结婚，（稍停顿）就耽误孩子看北京奥运会了。"

上面的对话中，甲并没有直接说出不结婚就耽搁孩子看奥运会的笑点，而是通过看似有点卖关子的话才慢慢说出了最后的笑点。这个卖关子的过程给对方造成了悬念和期待。在说最后的笑点的时候又再一次停顿了，这使得对方更加注意后面的笑点，增加了笑点的效果。还有一点需要注意，那就是在讲完笑点之后，也要稍作停顿给别人笑的时间。

【微沟通7】类比带来幽默感

把一个事物与另一个事物拿来类比，可以带来幽默感，这种类比还可以增加说话的说服力。拿来对比的两个事物往往是有一定差别的，但又很难说二者完全不同。

面试官："不好意思，你的专业和我们的职位不对口。"

应聘者："你们招的是人力资源，我学的是社会心理学，这叫不对口？难道当县长还要有县长这个专业吗？"

上面的对话中，应聘者的话就有些幽默感，这种幽默感就来自于人力资源和县长的对比。这种试图说服对方的理由虽然显得有些牵强，但说这句话则体现出了应聘者的幽默感和机智。

【微沟通8】顺水推舟式的幽默感

所谓顺水推舟式的幽默感，就是要顺着对方的话表达出自己的意思。这种幽默有较强的感染力。

在一次宴会上，一位端庄秀美的姑娘的脖子上挂着一个飞机模型的项链，这个银白色的项链让这位姑娘显得更加美丽动人。一位男士发现了这位美丽的姑娘，目不转睛地盯着看。姑娘有些不好意思了，就问那个男士："这架小飞机很美吧？"男士回答道："小飞机确实很美，（停顿了一下）不过，飞机场更美。"

这位男士巧妙地顺着这位美丽姑娘的话表达了自己的幽默，这样说一方面表达了自己对对方的赞美之情，另一方面避免了双方四目相对时的尴尬，使气氛变得轻松愉快起来。

【微沟通9】假借它言式的幽默感

所谓假借它言式的幽默感，就是指将自己想要说的话，或者想让对方说的话利用一种双关语或语义曲解等表达出来。

甲："我给你讲个故事吧。"

乙："好啊，你说。"

甲："从前有一对情侣，一个叫'我爱你'，一个叫'我不爱你'，他们很恩爱，本想白头到老。可惜后来'我不爱你'却死了，那么剩下来的是谁?"

乙："我爱你啊!"

甲坏笑，乙才发现自己上当了。

乙："你好坏哦……哈哈……"

等乙说出来"我爱你啊!"后才发现自己上当了。甲用这种幽默逗乐了乙，使乙说出"我爱你"，增进了彼此的好感。如果你下次发现有异性对你有好感，但他却一直羞于表达，你就可以用这个幽默技巧帮他说出来。

【微沟通 10】故意曲解式的幽默感

所谓故意曲解式的幽默，就是指故意将对方要表达的意思曲解成另外一种意思，以实现幽默的目的。

男："烦就跟我聊天呗。"

女："滚。"

男："地不干净"

女："晕"

男："我有止晕药。"

女："服了。"

男："嗯，服了就不晕了。"

上面这个对话是两个人的网络聊天，甲用故意曲解式的幽默来面对乙的拒绝，避免了尴尬，使对话继续了下去。不过要注意，甲的这种方式不可用得太多，用得太多会让别人觉得不真诚。

【微沟通 11】以反衬正式的幽默感

所谓以反衬正式的幽默感，就是指故意以反面反衬，产生幽默的效果，这种幽默在开始往往看起来是严肃的答案，但重点在于能够顺利地找出反面衬托的点，实现反面衬托的效果，从而制造出幽默感。

妻子："最近我经常搭小王的顺风车，老公你不担心吗?"

丈夫："我担心啊，我担心小王哪天不搭你了，我还得跨越大半个城市去接你。"

妻子明显是问丈夫担不担心自己和小王有暧昧关系，而丈夫的回答巧妙地表达了对妻子的信任，还同时表达了自己的幽默。在平时的沟通中，也可以用这种幽默来巧妙并幽默地回答别人的问题。

第14章

赞美是一门技术

赞美不是奉承，真切的赞美可以帮助一个人在沟通过程中俘获人心。

【微沟通 1】 大赞美配上无关痛痒的小缺点更可信

人的潜意识中，都是喜欢别人说自己好话的。可以巧妙地说对方的好话，获得对方的好感，从而拉近彼此之间的距离，增进了解。

甲：“你是个感情丰富的人，而且拥有使人开心的魅力。”

乙（警觉，心想）：“我才不会被好听的奉承话给骗了。”

虽然人们喜欢听到对方赞美自己的话，但是过于直接的奉承会使对方产生戒心，提高警觉。所以，一定要懂得在赞美的同时加上一些对方确实存在的或者对方不是那么在意的小缺陷，这样更可信。比如可以这样说：

甲：“你不太能对人敞开心胸，这有点遗憾！但其实你感情丰富而且很能让人开心，是个极有魅力的人，只是还没有完全展现出来。”

乙（高兴）：“真的很了解我啊！”

【微沟通 2】 赞美应该有理有据

赞美别人要有理有据，比如你不能赞美一个身材矮小的人魁梧，因为那听起来不像是赞美，更像是一种打趣甚至讽刺。也就是说，赞美是要有一定依据的，如果没有依据，会使赞美显得假仁假义，甚至反倒让别人讨厌你。

在赞美的时候，特别是对方不是很自信的地方，赞美的时候更要显得有理有据。比如一个人觉得自己的字写得不好，这时候你就可以赞美对方字写得很有特点，并且能具体指出特点是什么，那样会使你的赞美显得更真实、更真诚，也更能打动对方。

【微沟通 3】 赞美应该具体细节

赞美要具体细节，这其实跟上面的有理有据是联系起来的。只有你的赞美更加具体细节时，才能使你的赞美显得更加有理有据。

甲：“您真的很优雅。”

乙：“哪里，过奖了。”

更好的方式：

甲：“您真的很优雅，您的头饰很漂亮，您的整个穿着都透漏着优雅的气质。”

乙："谢谢您的夸奖！呵呵……"

相比第一种赞美，第二种赞美更加具体细节，也显得更加真实可信。相比起来，第一种赞美只是泛泛而谈，这种赞美的效果会大打折扣，也许还会让人觉得你只是在说客套话。

从细节入手赞美别人还有一个好处，比如上面赞美女士的头饰很漂亮，这表明了甲的观察很仔细，对这位女士比较关注。人们倾向于对关注自己的人更有好感，因此甲的这种赞美更能获得女士的好感。

【微沟通4】 赞美要对人

称赞对方的时候，要尽量赞美他这个人本身，由他的一两个优点扩大到"你真的很优秀"，而不只是赞美对方"你这件事做得很漂亮"。

这样一方面使对方获得更大的心理满足感，而且你对对方的期望也会使对方在其他方面自我约束。如果一个人开始认为自己很优秀时，他就会变得开始自我约束，使自己的各方面都尽量符合优秀的标准，不然会产生心理上的不平衡感。

【微沟通5】 赞美他人的时候要情露于外

赞美他人时，不能面无表情，要七情上脸。不要认为喜形于色就是不老练，要知道在说话时如果能传达出一定的情绪一个方面会使你的话更有感染力，另一个方面也会使你的话显得更加诚恳真切。

比如别人成功地做成了一件事，这时候你面无表情地说一句"你很棒!"的效果自然不如满脸笑容地说"你很棒!"有感染力，而且你的笑容也传达出了这样的意思：你为对方的进步和成功感到高兴。这样的赞美自然会取得更好的效果。

【微沟通6】 赞美应该因人因时而异

赞美应该因人而异，因为年龄、性格和爱好等的差异，不同的人在意的东西不同，赞美一个人就要赞美他所在意的东西。比如一个大学教授可能比较在意你是否认可他的学问，这时候你就可以赞美他的学问功底深厚，而不是称赞他肌肉发达。再比如，当你遇到一个爱打扮自己的女性时，你就可以称赞她漂亮，而不是称赞她爱思考。

赞美一个人还要考虑不同的场合和时间。比如一位女士刚在一个会议上进行了发言，当她走下场时你应该赞美她的发言很精彩，而不是赞美她的穿着很优雅，即使你确实那样认为。

【微沟通7】赞美要学会雪中送炭

赞美要雪中送炭，一方面应该多赞美那些缺少赞美的人，另一方面应该赞美一个人不经常被赞美的地方。

对于缺少赞美的人，有时这样几句赞美，就可以使对方感受到很大的认同感，也可以使对方深深地记住你。另外有些时候，也许你几句赞美就可以帮助对方鼓起勇气，面对他面临的困难，最终得以大展宏图。而那些得到赞美较多的人，赞美对他们的作用可能没有这么明显。

一个经常被称赞漂亮的女性，你夸她漂亮她不会有太大的感觉。如果你赞美她知性有智慧，这种赞美会比赞美她漂亮更有价值。这样的赞美可以给她留下更深刻的印象，你也会给她留下更深刻的印象。也就是说，我们要夸一个大多数人都没有夸过的方面，这样的夸奖有时还会让对方产生你了解她的感觉，因为你注意到了她的另一面。

【微沟通8】背后赞美效果好

一般认为，背后说人坏话不好。那么，背后说人好话呢？如果你直接当面赞美一个人，他可能会认为你是在客套或者恭维他。然而，如果他从第三者嘴里得知你对他的夸奖，他就很可能认为你确实是真诚地赞美他。

甲："你真的很有能力！"

乙："过奖。"（内心独白：又是这种客套话）

甲把对乙的称赞告诉了丙，丙和乙的对话。

丙："甲向我夸你很有能力，看来他很看好你。"

乙："是吗？看来他是真心夸我。"（内心独白：错怪甲了）

可以看出，当面赞美的效果很多时候不及背后赞美的效果好。当面赞美有时会有奉承客套之嫌，而背后赞美则不会有这种感觉。通过别人的嘴说出来的赞美听起来更加可信。看来那句古训"背后勿要说人闲话"应该改一下，应该是“背后勿要说人坏话”，但要学会“背后说人好话”。

【微沟通9】 当众赞美效果好

当众赞美一个人会使赞美的效果最大化。每个人都希望得到更多人的认可，这是人的天性。因此当众赞美一个人，可以更好地满足他的这种愿望，激励他更加努力向上，还可以给其他人树立起榜样，促使其他人向榜样看齐。

当众赞美可以通过奖励的形式，比如诺贝尔奖。这个奖就是一个当众赞扬，赞扬的是一个科学家对人类的科学进步所作出的巨大贡献。这个奖也给其他人树立了榜样，可以鼓舞、激励更多的科学家作出更大的科学贡献。

【微沟通10】 当众赞美要看人

当众赞美确实很好，但也要看人。对有些人来说当众赞美可以满足自己的自重感，但对有些人来说当众赞美并不见得就是好事。

如果受赞美者是一个内敛含蓄、不喜欢受人关注的人，这种当众赞美可能会给对方带来压力，会使受赞美者觉得不自在，反而影响了受赞美者的状态。一个不喜欢受人关注的员工被当众赞美之后，有时甚至会采取辞去工作的行为来逃避这种压力。这时候，也许采取面对面的赞美方式比较好。对那种荣誉感强的人则可以采用当众赞美的方式，这样可以满足其荣誉感。对于那种容易骄傲的人，则要注意当众赞美的度。

【微沟通 11】 当众赞美要看氛围

当众赞美还要看氛围。所谓氛围，就是要看被赞美者所处人群的氛围。在有些氛围下，当众赞美是一件好事；而在有些氛围下，当众赞美却并不见得就是好事，会对受赞美者造成不良影响。

假如受赞美者处在一个积极向上、努力进取的人群中间，这种当众赞美会使受赞美者受益，他会成为大家的榜样。假如受赞美者处在一个消极、嫉妒心强的人群中间，这种当众赞美可能会给受赞美者带来麻烦，使受赞美被孤立，感觉到压力。

【微沟通 12】 赞美你希望对方有的品质

人在很大程度上是活在他人的期望中的，你对对方有什么样的期望，对方就会倾向于在你面前表现出你期望的样子，很多时候对方就会成为你所期望的那种人。

表达期望的一种有效方式就是夸奖，如果你期望对方变得更加勤奋努力，你就可以夸奖对方勤奋努力，这种夸奖就会促使对方去做出更多勤奋努力的行为去符合你的夸奖。这时候，这种夸奖所起的作用就相当于是期望的作用。

甲：“你真是一个勤奋的孩子。”

乙：“是吗？您真的这么认为？”

甲："是的，你确实是个勤奋的孩子。"

乙："……"

过了一段时间，这个被夸奖的孩子确实变得越来越勤奋了。因此，如果你想使对方拥有你期望他拥有的品质，就可以夸奖对方这方面的品质。

【微沟通13】用"只有你"去赞美对方

人都希望自己的价值得到别人的认可，赞美实际上就是一种表达对他人价值认可的方式，对他人价值的最大认可就是认为他是难以被取代的。

老板："这件事只有你来办，我才会放心。"

下属："谢谢您的信任，我一定把这件事办好！"

在上面的对话中，用了"只有你……"这样的句式。这样的句式体现了在赞美者的眼里，被赞美者具有独一无二的地位。当老板对自己的下属说出"只有你……"这样的句式时，就是对下属莫大的承认和赞美。

因此，你在表达对别人的赞美时，也可以考虑用"只有你……"这样的句式，这样可以表达对对方很高的赞赏。

【微沟通14】反面赞美，更能赢得别人

每个人都喜欢表露自己优秀的一面，但每个人也都有感觉不够自信的一面。因此在赞美别人时，如果他不够自信的一面能够得到你真诚的认同，那么自然会大大提升他对你的好感。

一次联谊活动上，A君看到一女孩独自在一个角落，好像比较拘谨，很放不开。于是他走过去对她说："你看起来好像很内向，其实和朋友在一起的时候，你非常的主动和热心。我想，你的朋友也是这样认为吧？"

"是呀，对熟悉的人，我都是很热心。"

"果然不出所料啊！"

女孩很快被A君所吸引，连眼神也变得特别亲切。

在一个短暂的时间里，A君通过"赞美她的另一面"这种赞美技巧，很快与对方建立起了信任关系，获得了对方的好感。

第 15 章

如何批评才能使对方信服

批评是为了使对方改正错误，而不是为了贬低对方。只有让人信服的批评，才能促使一个人主动改变错误。

【微沟通 1】批评一定要及时

批评一定要及时，不及时批评一方面可能会使对方犯的错误越来越多、越来越严重，另一方面还可能在彼此之间产生误会。

因为如果对方犯同样的错误多次之后你才去批评对方，对方就会想“我一直这么做的，他都没批评我，现在来批评我肯定是以这件事作为借口而已”，对方很可能就会认为你对他的批评是另有原因。

这时候对方就会觉得你不坦诚，你的批评就不能起到应有的效果，对方肯定也不会情愿改正自己的错误，而且还会使你们的关系产生隔阂。

【微沟通 2】批评要以理服人

批评对方时，要让对方意识到你对他的批评是有足够的依据的。如果对方认为你的批评缺乏依据，对方就肯定会不服气，也不会主动去改正错误。批评的目的不是打击对方的积极性，更不是让对方与自己产生对立情绪。

因此在批评对方时，要让对方理解你为什么要批评他，而且最好是调动起对方的同理心，让对方意识到如果他处在你的位置上，也会批评自己。这样你的批评才能使对方信服，也才会有良好的效果。

【微沟通 3】批评要对事

在批评一个人的时候，切记不要针对他本人，而要针对错误本身。这样你传达给他的信息就是：我认为你这个人还是很优秀的，只不过没做好这件事，他在情感上就比较容易接受你的批评。比如：

“你一向是个很认真的人，是不是有什么其他原因，让你疏忽了这个方案的关键步骤啊？”

这样的说法就会让对方更容易接受，也能唤醒对方的理想自我，使其努力地去符合那个理想自我。如果把一个人批评得一无是处，那么这个批评反而会使这个人丧失努力的动力，从而真的变得一无是处。

【微沟通 4】先认可后批评，让对方更能接纳你的建议

其实，没有人愿意让别人批评自己。所以，批评别人一定要讲究技巧，做到既不伤害别人的自尊又要使别人接纳你的建议。

行政部王主任对文员小敏说："你今天穿了一件漂亮的裙子，更显出了你的美丽大方。"小敏突然听到了上司对她这样的夸奖，受宠若惊。王主任接下去说道："如果你以后打字的时候，对于标点符号注意一些就更好了。"听完王主任的话，小敏心生惭愧，下定决心在接下来的工作中一定要改正。

王主任在与下属的沟通中，巧妙地运用了先认可后批评，并巧妙地在批评中加入了鼓励的因素。通过先扬后抑的对话，让对方接受了自己的观点。在平时的社交生活中，并不总是上下级的关系，在给别人提意见时要更加讲究策略性。

【微沟通5】用"如果"代替"但是"

要使一个人容易接受对自己的批评，可以在批评之前对他先表扬，先承认他的成绩和优秀的一面，然后再批评，这样对方就更加容易接受了。

但要注意的是，要避免用"但是"这个词，"但是"表示转折，会让你前面的表扬显得有些虚情假意。比如说："你最近表现不错，但是你上次会议发言有问题。"

更好的说法是用递进关系代替转折关系，这样会增加前面表扬的分量，还会带有鼓励对方的意思，对方也更加能够接受这样的批评。比如说："你最近表现不错，如果以后在会议发言上能再加强一下，肯定会让你成为更优秀的主管。”

【微沟通 6】暗示对方好东西放错了地方，让对方更容易接受

如果一个人在某方面存在错误，你急着指出来，对方可能会在情感方面受到伤害，并且对对方不一定有效果。

一位文学青年精心写了一篇报告文学，投稿前给他的一位导师过目。导师发现这篇文章不符合报告文学的文体，便说：“你这篇文章如果投到《××杂文月刊》一定是一篇出色的文章。”青年马上意识到这篇文章并不是报告文学，于是在导师的指导下重新进行了修改。

导师如果说“你这篇文章不是报告文学，不用投稿了”，这位青年的写作兴趣一定会受到打击。通过别人（杂文月刊）的态度间接地暗示了他这篇文章不能投稿，但并没有否定文学青年的文章和才华，文学青年在另一方面得到了认可也就获得了继续努力的自信。

【微沟通 7】自责式批评使对方更能接受

批评要能服众才能起到良好的作用，不然只会适得其反，引起被批评者的不满和排斥，反而使事情变得更糟。要使自己的批评能服众，首先要做的就是敢于自我批评。

小张在一家公司做业务员，很有能力，短短一年时间就成为这家公司的业务经理。小张感觉自己的能力在这家公司已经得到了足够的展示，自己需要更大的平台去实现自己的梦想、展现自己的价值，因此心里一直估摸着跳槽。然而就在小张准备跳槽的时候，小张却犯了一个不应有的错误。这家公司的老总找小张谈话，小张最初是心里有抵触，不过想到自己反正要跳槽了，这个错误也算来得“正是时候”。

然而这位老总却对小张说了下面一席话：“这件事是我的责任，公司缺乏这方面的规范制度，以至于你在遇到具体问题时难以操作。我已经修改了公司的管理章程，稍后会开会讨论。在这件事上，你给我提了个醒，避免了进一步更大的损失，谢谢你。”

听完上面一席话，小张的抵触情绪完全没了，他甚至打消了跳槽的念头，转而开始更加努力地投入到自己的工作中，最终在这家公司取得了更好的发展。

【微沟通 8】 幽默式批评有更好的效果

在批评别人的同时，往往容易给对方带去很大的心理压力，这种心理压力会打击对方的积极性。因此如果在批评对方的同时又不给对方造成很大的心理压力，这种批评就可以取得更好的效果。要做到这样，一种方法就是在批评中加入幽默。

一位经理在一次加班后路过一个员工的座位，发现这名员工正在专心致志地打游戏。这位经理自然心里不是很舒服，原以为他在加班，没想到他却是在打游戏。然而公司有明确的规定上班时间不能打游戏，没规定下班时间不能打游戏，但遇到这种情况又不能不说。这位经理最终想出来一个办法，他走过去拍着这位员工的肩膀心平气和地说：“小张，这么晚了还在加班啊？要注意休息！”

幽默的语言能创造一种轻松的气氛，用幽默的语言来批评他人，比刻板的说教、严厉的斥责、尖刻的嘲讽更为有效。

【微沟通 9】鼓励式批评让对方更积极

批评一个人是希望对方变得更好，如果批评一个人只是告诉他他有多差的话，这样的批评只会使对方越来越差。因此，如果在批评的同时又能表达出对对方的鼓励，这样的批评就会更有效。

王先生是一家企业的部门主管，他发现他所管辖部门有一名员工的工作状态不佳，最近总是拖延工作。因此，王先生对这位员工进行了批评教育。首先，王先生指出这位员工的工作状态不佳，然后，王先生又夸奖他曾经优秀的工作表现。在批评的同时王先生又对这名员工表达了自己的期望，这名员工在王先生的批评下经过一段时间的调整，逐渐恢复了良好的工作状态。

鼓励式批评重在批评的同时给对方树立起新的奋斗目标，表达对对方的期望，以及对对方可以做得更好的信任，使对方不至于破罐子破摔。

【微沟通 10】暗示批评不伤害对方面子

中国人讲面子，但是批评人的时候很容易会伤到对方的面子。那么，要怎样做才能既批评了对方又给了对方留面子呢？一种方法是不当众批评，另一种方法是不点名批评。另外，还有一种方法就是暗示批评。

受到批评者难免有某种不快之感。有时当面指出错误会造成被批评者产生顽强的反抗，而巧妙地暗示对方意识到自己的错误，会使他认识并主动改正错误，这就是暗示批评法。

【微沟通 11】以问代责式批评启发受批评者

在批评别人的时候，如果直接指出对方的错误会容易引发对方的抵触心理。因此，最好尽量避免直接指出对方的错误。用问对方问题的方式，让对方自己去发现错误所在。这样可以减少对方的抵触心理，还可以启发对方反思自己的错误，并使对方主动说出自己的错误。

比如，假如下属犯错误了，可以有以下两种批评方式：

A："小张，你怎么搞的？这点事都办不好！"

B："小张，你想想自己这么做是否有哪里不妥？"

显然第二种批评方式下属更容易接受，聪明的下属会明白你给他留了面子，因此往往会很快改正。假如你问了第二句话，对方仍然不以为然甚至不在乎，这时候再采用较严厉的批评方式效果会更好。

【微沟通 12】建议式批评给对方留面子

遇到不好直接批评而对方又比较知理懂事时，就可以采用建议式批评的方式。这种批评是以建议对方更加合理的做法的方式让对方意识到自己的错误行为，从而改正。这种批评说是批评，但其实更像是建议，批评的意味较淡。

这种批评往往用于不需要很严厉，而且双方地位较为平等时，比如朋友之间就可以采用这样的批评方式。假如你发现朋友正在犯一个错误，相比于直接指出"你这样做不对!"更好的批评方式是"是不是也更应该这样做?"更委婉一些的可以说"是不是也可以这样做?"这样的方式不容易伤到朋友之间的和气。

【微沟通 13】有时候学会给对方台阶下

没有人愿意接受别人的批评，即使已经犯了错误。特别是在很多人面前接受批评，没有人会希望这样的事发生在自己身上。因此，如果你发现对方犯错后有悔改之心，有时候可以帮对方找借口，给对方台阶下，对方就会知道你在保护他的尊严。你一旦给了对方尊严，对方就会自觉地维护你给他的尊严，因此转而下定决心改正自己的错误。

有一次，一位数学老师上课用的木质规尺被一个学生在课间的时候给弄断了。数学课代表看到了这一幕，就将这件事告诉了数学老师。数学老师在上课时并没有严厉地批评这位学生，而是故意说这个规尺早就已经有了裂痕，很容易断，其实班里的学生都知道这是老师刚用了不久的规尺，不可能有裂痕。

这位数学老师通过这种方式帮这个学生解了围，使其保留了尊严。事后，这个学生找到数学老师主动承认了自己的错误，又买了一把新的规尺。

【微沟通 14】 一针见血的批评

针对少部分自觉性差、屡教不改者，则应该给予一针见血式的批评。这些屡教不改的人性情固执，不愿意认识和改正自己的错误，犯错后经常会抵赖和狡辩。

针对这样的人，就需要一针见血地批评到对方的要害之处，不能含糊其辞，要直截了当地指出对方的错误所在，使对方无话可说、无法狡辩，这样才能起到批评的效果。但要注意的是在批评的时候也要就事论事，避免批评扩大化。

第 16 章

提建议和请求的微妙策略

建议和请求是沟通过程中经常会涉及的，那么，应该怎样提建议对方更容易接受，怎样提请求对方更容易答应呢？

【微沟通 1】 引导对方做你希望的决定，要用封闭式提问

封闭式提问就像选择题一样，限定了明确的答案内容，这种提问一般是以比如“谁”、“何时”、“在哪里”、“是不是”、“哪一个”、“会不会”、“有没有”、“能不能”、“做没做过”或“可不可以”等作为提问的方式。

封闭式提问可以用在诱导对方做决策的方面，因为这种问法限定了对方的可能答案，让对方跟着你的思路走。比如当你和别人约会逛街时，发现自己口袋里的钱不多了，你就可以问对方：“咱们是去小吃街还是去首饰店?”对方见你这么问也不好说什么，就根据你所列的去挑一个，从而你就避免了去大型商场买其他更昂贵商品的开销。

【微沟通 2】 利用对方的想象做因果提示

在与他人的沟通中，要善于利用他人对美好事物的想象去做因果提示，最后达到说服他人的目的。比如像“你怎么怎么样之后，会使你……会让你……”之类的话，这类词可以有效地激发起对方对美好事物的想象。

可以以汽车销售来举例。“现在我可以给你介绍一下这款车的优点，你可以想象一下驾驶这部车的速度感和舒适感。”如果你是一位汽车推销员，你就可以这么说，让对方自然而然地进入你假设的情境。

用这种方式一般都可以比较有效地引导对方进入你给他们描绘的美好蓝图。可以不断地强化这种美好蓝图，不断地重复冲击他目前的身体和心理状态。

【微沟通 3】 在闲聊中加入暗示信息

在闲聊时，对方的戒心会暂时降低，这时候是你影响对方潜意识、投射有效信息的最佳机会。

A：“我早上一般有一个小时的健身运动。”

B：“是吗？我的一个客户也酷爱健身！他使用我们公司的产品快五年了!”

这句“闲话”中隐藏了两个重要的信息，一个是“我有个来往五年的忠实客户”，另外一个是“我们公司的产品优良，可以使用五年以上”。而且还

使这名新的潜在客户潜意识中将自己和那名五年的忠实客户做了类比，增加成交的机会。

因此，只要在交往中利用好这样的技巧，就可以在任何场合做到“闲聊不闲话”。闲聊中说出来的话往往看似不经意而为之，所以听起来更加可信。

【微沟通4】用居安思危法建议对方

只有让对方意识到问题的严重性，对方才会更有愿望去接受你的说服。人的潜意识里都是追求幸福和快乐的，但人们都有失败或不如意的时候。因此，极易产生受挫感，感到十分迷茫、痛苦。可以扩大人的这种痛苦感受，从而让对方接受你的建议。

“公司业绩并不理想啊，人员也不整，如果再不进行改善，恐怕……”，听完你的话，客户会诉说他的苦衷。你可以乘虚而入，“你说得也对，但不是根本原因，我们是××咨询公司，已经有……其他类似于你们这种情况的公司在接受我们的培训后业绩明显上升……”

准确地把握客户的心理，说明目前的困境，点出将来可能出现的更大的不利状况，客户此时会很焦虑、烦躁，好像公司真的会像你说得那样。接下来你将信息传达给他，让他意识到这是不错的选择，他就很可能会接受你的建议。

【微沟通5】先赞美后给出建议

想让对方接受你批评性的建议，一个巧妙的手法就是首先承认对方的“可取之处”，然后顺势用这样的说法“如果怎么怎么样的话会更好”。下面是一个很好的例子。

波尔先生对一位热情高涨的竞选人道：“你这篇演讲词十分精彩，我敢肯定它是最好的，能够引起人们极大的关注和兴趣，在很多场合下都会如此，对于这次特殊的场合，它是否很合适呢？我们要从整体出发，希望你可以按我的指示要点进行一下调整，我想它会更好的。”这位竞选人的演讲词很出色，但不适合这次的场合，波尔先生又不能伤害这位竞选人，于是他设计了这番说辞。

可以看出，波尔先生并没有直接说“你这篇演讲词不合时宜”，而是始终以称赞的语气暗示他的演讲词可以更加出色。竞选人从暗示中获得了对自我价值的肯定，当然不会反对波尔先生的劝说。

【微沟通 6】 给自尊心强的人提建议

对那些自尊心较强的人要尽量避免过于直接的建议，因为那样会让他们产生被指手画脚的感觉，从而对你产生防御心理。这样，不但你提的建议对方不会采纳，你们的关系也会受到影响。

直接建议的典型格式是“你应该怎样”，因此对那些自尊心较强的人应尽量少说“你应该怎样”这样的话，可以换成更加委婉的建议方式。比如，“你觉得……怎么样?”要使这些人采纳你的建议，最好不要直接告诉他们应该怎么做。

【微沟通 7】 步调一致有利沟通

如果你和别人是边走边说话，这时候一个小小的技巧就可以增进你们的共识，就是尽量和对方保持步调一致。

其实我们应该知道，那些关系比较好的朋友或者情侣走在一起时往往都是步调一致的。当你与对方步调一致时，在潜意识中就可以灌输给对方你和对方的关系比较亲密的错觉，使得对方在与你的沟通中更少地提出异议。

步调一致很明显的一个暗示就是两个人比较有默契，哪怕你刻意做出这样的行为，也会让对方形成你们有默契的错觉，这种错觉往往对方也没有意识到，但反映在对方的行为上就是他更少地反驳你、更多地赞同你。

【微沟通 8】 向别人提忠告，要避免揽上责任

有时候，你会向朋友提出一些忠告。不过需要明确一点，那就是一旦你对别人做了忠告，有时候别人就把行为后果的责任推到了你身上。等最后产生了任何不好的结果，对方就会说：“都怪你，当初要我这样做……”，到时候你就有理也说不清了。

因此，做忠告时要小心谨慎。除非你有相当的把握认为自己的忠告是对对方有用的，否则不要轻易给别人忠告。而且要谨记一点，适合一个人的忠告不一定就适合另一个人。

即使你认为自己的忠告不错，话也不能说得太绝对，不要用“只要你听我的，就……”。因为你说得越绝对，你的事后责任就越大。这时候，也许更好的做法是认真听对方倾诉。

【微沟通9】当对方问你该怎么办时你再提出忠告

当对方没有问你怎么办时，也许是他脑子还很乱，也许是他只希望找个人听他诉说，也许是他觉得你不会理解他。这时候如果你贸然去提忠告，很难起到什么效果，反而可能使对方对你产生防卫心理。

而当别人向你寻求意见时，这说明对方准备好了去听别人的意见。对方决定开始理性地思考自己所遇到的事情了，也觉得可能会从你这里得到一些建设性的意见。这时候，你不妨谨慎地提出一些自己的看法，以满足对方的期许。

在提意见时，还要注意照顾到对方的面子，不能太过直接，要用尽量委婉的语气，比如“也许你这样做会有些效果，不知你怎么认为”之类的。

【微沟通10】先提大要求再提小要求

如果你想向对方提要求又怕对方拒绝，那么应该怎样提要求而使对方不拒绝你呢？这时候，可以先向对方提一个大要求再提小要求，这样对方就不太可能拒绝我们的要求了。

主管："下周一你必须完成工作任务（明知对方无法完成）。"

下属："不好意思，我怕自己那时候完不成。"

主管："那就多给你两天时间，周三吧，周三我要看到你的成果。"

下属只好点头答应。

这比直接要求对方周三完成任务更有效，到时候对方就更不好意思拖延工作了，因为你已经给他宽限两天了。

【微沟通 11】先提小要求再提大要求

另外一种使对方更可能答应你要求的方法就是先向对方提一个对方一定会答应的小要求，然后再"得寸进尺"地提出更大的要求，这样对方就更有可能答应你的要求。

甲："小张，你帮我打印一份材料可以吗？"

小张："好的。"

甲："打印完之后你帮我再送到吴经理那里，可以吗？"

小张："哦，好吧……"

如果甲对小张直接说"小张你帮我打印一份材料送到吴经理那里好吗？"这样的请求更有可能遭到小张的拒绝。

【微沟通 12】提请求要先赞美

在向别人提出请求时，最好先对对方赞美一番，然后再提出自己的请求，这样对方就更可能帮助你。这种赞美一般包括两个方面的赞美，一方面是对对方能力的赞美，另一方面是对对方乐于助人品质的赞美。

甲："您在咱们这个技术领域做得很好，确切地说在咱们这边算是数一数二的高手了，我跟您相比就差了很多。"

乙："过奖了，我哪有那么厉害哦，呵呵！"

甲："不是我一个人这么看，而且您也总是那么乐于助人，人缘也很好。"

乙："呵呵，过奖了过奖了……"

甲："其实今天来找您，是想让您帮一个小忙，就是一个技术上的问题，我们几个都解决不了，我相信对您来说肯定是小问题。"

乙："哦，你说说什么问题。"

在请乙帮忙之前，甲对乙的能力和乐于助人的品质两个方面都进行了赞美。这种赞美，一方面使乙心情更加愉悦，更可能出手帮助甲；另一方面，也给乙建立了一个良好的形象。人们都会做出相应的行为去维护自己的完美形象，因而乙就会更加尽力地帮助甲。

【微沟通13】提请求要委婉

在向别人提出请求时，要做到委婉、含蓄，多用一些能愿动词和疑问句的表达方式，比如“能不能”、“请”、“可以”等，说出这些词时你的请求就会是和别人商量的口气，这种口气用在请求上比较合适，使别人更加容易接受。

甲：“请问您能在百忙之中给我一个和您短暂交流的机会吗?”

乙：“我下午有空，今天下午三点半，我们在楼下的咖啡馆见，你方便吗?”

甲：“我方便，谢谢您给我这个机会，下午见。”

如果将上文的请求换成“我想和您有个短暂交流”，这样的请求效果就会差一些。请求时要尽量多用疑问句和能愿动词，不能只是一味地表达自己的愿望，还要考虑对方的感受。

【微沟通14】提请求要留余地

在向别人提出请求时，要给彼此留下一些余地。可能别人一时帮不了你，但却可以在后面帮到你，或者通过其他方式帮助你。因此在提出请求时，请求本身要确定，要让对意识到你确实需要他的帮助。但要注意的是，提出请求时要留有余地，不能把话说死。

甲："我看您最近比较忙，不过没有您的帮助我这件事肯定做不成，要不这样，您先忙您的，等您有时间了您可以再考虑一下。"

乙："嗯，好吧，最近确实比较忙。"

甲看乙暂时没有帮助他的可能，就对乙说了以上的话，给彼此之间都留了余地，使乙有时间多考虑是否帮助他，避免乙因为暂时不能帮忙而彻底拒绝他。

【微沟通 15】 微笑加真诚道歉，别人更能原谅你

微笑的感染力是巨大的，如果表露出真诚的微笑，对方会不自觉地受感染，进而增加彼此的好感。在日常生活中听到一句"对不起"再加一个微笑，即使你的脚刚被对方狠狠踩了一下，你的怒气也会在顷刻间消失。"没关系"，每个人都会脱口而出。这就是微笑的力量。

另外，微笑还可以传染。你向对方微笑，对方也会无意识地模仿你，至少可以抑制对方做出相反表情的趋势。

【微沟通 16】 不要轻易说"请原谅我"

每个人做错事，都希望得到他人的原谅，其中人们最常说的一句话恐怕就是“请原谅我”。这句话表现了人们的歉意和希望得到别人原谅的愿望。不过，这句话中却暗含着一种别人不能轻易原谅你的因素。

错误如果轻易被原谅，这个错误就更加可能再犯。而“请原谅我”这句话就暗含着犯错者认为自己是可以得到原谅的，换句话说，就是犯错者可能认为自己的错误并不严重。

比如一个男青年深深伤害了他的女友，他一直恳求他的女友并反复说：“请原谅我！”最后从他女友那里得到的是这么一句话：“你以为你是可以被原谅的吗？”更好的方式应是不断地道歉，并时刻关注对方的感受，那样更可能获得对方的谅解。比如可以说：“是我不好，是我伤害了你，我以后要这样，你可以……”之类的话。

第 17 章

说服他人其实并不是那么难

说服一个人确实不容易，但如果掌握了说服他人的技巧，你就会发现说服他人其实也并不是那么难。

【微沟通 1】 顺着对方的思路，那样对方更能接受你的话

在沟通的过程中，如果发现对方的谈话太片面或太极端时，可以抓住机会予以巧妙地补充、提醒，从而促使交谈话题得到全面深刻地展开。

甲："这个社会坏人太多了，真让人失望！"

乙："你说的一点没错，同时，好人也不少啊，你就是一好人嘛。"

听到对方太过极端的话语时，千万不要急于反驳对方，应该顺着他的思路往下说，让对方在轻松的心态下听取你的意见。

另外，当对方拒绝的理由太绝对或太主观时，运用此法也会收到意想不到的效果。

甲方经理："这个项目风险太大，我们公司不打算入股！"

乙方代表："您看得真透彻啊，这也意味着高回报嘛，还是值得一搏的！"

要想使别人接受你说的话，你就应该顺着他的思路。仔细领悟上述提供的技巧并恰当运用，就能轻松地使自己被别人接纳。

【微沟通 2】 先认同对方，可以使对方更可能认同你

一位销售人员走在街上，看到一位男士正在擦洗自己的车子。他走上前去，第一句话就是："真是个美人啊！"他夸奖车子，接着说道："这是××××年××款吧，这可是经典款式啊！"那位男士直起身来高兴地看着这位销售人员说："看来您也是懂车子的人啊！"

随后两人开始攀谈起来……

慢慢地这位销售有意地将话题引到了车内音响上，并夸赞说："这么美丽的美人应该配上一副美丽的嗓音才是。"那位男士听到这样的话自然很是高兴。

原来这位销售人员是销售车内音响设备的，就这样他很快就成交了一笔生意。

这位销售人员的高明之处就在于他首先对对方表示了认同，然后诱使对方认同自己的产品，这就是附加认同的技巧。也就是说，在说服他人认同你时，要懂得先认同对方。

【微沟通3】不威胁到对方的原有信念，那样更容易说服

在说服别人时，要特别注意一点，你说的话对对方原有的想法和信念的破坏越小，对方也就越容易接受。特别是你所说服的信息不要牵扯到对方的价值观上去。如果那样，说服就会变得非常困难。

也就是说，在说服别人时，要尽力强调自己所传达的想法和对方已有想法的一致性。下面就是一个典型的例子：

小张习惯了买一个牌子的运动装。有一天，小张经过一家专卖店的橱窗，看见一双漂亮的球鞋，这家专卖店经营的是另外一个牌子。但因为小张觉得鞋漂亮，忍不住想买这双鞋，尽管这个牌子平时自己不喜欢。

小张走进了店里，本来希望对方售货员给自己一些买这双鞋的理由，然而没想到，没说多久，店员就开始大谈这个牌子如何好于小张习惯买的牌子。最后小张由于反感，没买那双鞋，又走出了这家店。

店员正确的做法应该至少只说鞋子本身，少牵扯到品牌问题。要牵扯到品牌问题，也应该强调两者的相同之处，而不是将两者对立起来。

【微沟通4】用“会让你”引发对方想象

在推销自己的想法或者产品时，可以用“会让你、会使你”这样的句式激发对方的想象。对方心里一旦产生了良好的想象，就更加可能采纳你的想法或者购买你的产品。

如果你是一位汽车推销员，你可以这么说：“现在我可以给你介绍一下这款车的优点，你可以想象一下驾驶这部车的舒适感与速度感。”对方自然而然地就会进入你设计的情境中，从而更加可能做出购车的决定。

规划“蓝图”是说服和激发对方做出决策的重要方法，“会使你”和“会让你”这样的句式是经典的规划蓝图的句式。特别是对于那些富有想象力、对未来充满美好憧憬的人来说，用“会使你”说服他们很有效。

【微沟通5】融入自己的情感，使自己的话更可信

在说服信息中加入自己的情感，会使自己的说服信息更可信。心理学家的实验表明，甚至在说服信息中适当加一些粗话，都会加强说服信息的有

效性。

甲："我就喜欢用这种全自动式的洗衣机，前几天我孩子给我换了一台新的××牌的，我很高兴。"

乙："听你说得这么好，哪天我也去看看，看要不要买一台。"

所以，下次如果想说服别人时，可以适当用一些表示情感色彩的词，这暗示对方你在这方面有深刻的体会，这样你才更有发言权。如果你一直使用缺乏情感色彩的词语，对方反而可能更不信任你的话了。

【微沟通 6】 说的话多不如说的次数多

心理学的研究证明，说服他人时反复重现信息，类似于洗脑的手法，确实有效。

其实这样的手法早就被广告界人士所广泛运用，任何有效的广告都需要一些精彩且短小的广告词，就像每个体育品牌都会给你自己的品牌下写一行字那样，并且不断地重复出现，这样慢慢地消费者就会被这些广告所影响。

当说服他人时，一定要把握住自己最核心的、最具说服力的观点，然后不断重复，向对方灌输这些观点。这比你一次说很多话更有效。

【微沟通 7】 越简单的说法越有效

所有有效的宣传都必须集中在几个点上。在心理学中，这被称为"奥卡姆简华律"。也就是说，你说的越少反而越好，更准确些应该是"说的越精越好"。

在说服对方的过程中要把自己的想法精简为几个核心观点，这样更有效。因为你说的话越多，可能破绽也就越多。说服对方一定要把握住自己最核心的、最强有力的观点，反复强化这些对方难以否认的观点，就会渐渐地说服对方。

【微沟通 8】 外表有吸引力些，说的话就更有说服力

人们容易被有吸引力的人说服。外貌打扮确实会影响你说出来的话的说服力。有一个典型例子，就是商家大多都是请那些具有吸引力的明星做广告，人们很容易在潜意识里将商家的商品与明星的良好形象联系起来，其实人们

的态度很容易被一个有吸引力的说服者所说服。

放到实际应用中，要想说服他人，首先就要把自己打扮好。假如你是一位企业管理者，想要和另外一家企业谈合作，不妨身边带个有吸引力的美女，那样你发出的信息也更有说服力，这样的谈判更容易成功。

【微沟通9】别人信赖你，你就更可能说服别人

在说服别人时，假设对方认为你只是为了自己的利益，或者想把自己的观点强加给他，那样你就很难说服对方。如果对方觉得你是在为他考虑，那么你说服他的可能性就会大增。

所以在说服他人时，很重要的一点就是要获得他人的信任。上面所说的从他人的角度考虑是获得信任很重要的一点。另外，还应该用真诚的身体语言去感染对方。比如，平和地直视对方的眼睛、双臂打开、身体前倾等，这些都可以表达自己的开放和真诚的姿态。

【微沟通10】最重要的，要放在开始和最后说

记忆的一个经典规律就是系列位置效应。也就是说，人们容易记住他看到的文字或者别人所说话的开始和结束部分，中间的则很容易忘记。

这个规律用在说服领域就告诉我们，要把最核心的观点开门见山地摆出来，后面再进行一些论证，最后再加入一些重要的信息，这样的安排更容易说服对方。

【微沟通11】说服应在对方明确表达自己的观点之前

说服的一个重要技巧，就是要在对方明确表明自己的观点之前说服对方。如果对方已经明确表明了自己的观点，你再去说服他人，那会变得很难。这在心理学上称为“态度免疫”。

甲：“您同意我这样做吗？”

乙：“我不同意。”（一口回绝后很难再说服）

也就是说在说服别人时，一定要注意不给对方明确表明自己观点的机会，这样你的说服可能更奏效。

甲：“您可以先考虑一下是否同意我这样做，不用着急答复我。”

乙：“好的，我考虑考虑。”（这就给了继续用新的说辞去说服对方的空间）

如果对方一口回绝后，即使后来他想反悔也会变得不好意思。因此，当你没有把握对方会被自己说服时，就不要急着让对方做出确定的回答。

【微沟通 12】 说服无知的人，只需要说好

当要说服文化水平比较低或者对你所要说服的信息没有多少了解的人时，你只需要说出好的方面，这样效果更好。心理学中将这称为说服的单面技术，因为这些人对你所说的话缺乏判断能力，我们拿汽车销售做个例子。如果你的客户是一个第一次买汽车的人，你大可以只说你的车如何如何好，这样就更有说服力，而你透漏出的任何不好的信息只会让对方产生不好的联想。

另外，对于那些原来并不反对你的说法的人，你也可以用单方面说服。

【微沟通 13】 说服比较有经验的人，要记得说点不好

当要说服文化水平较高或者对你所要说服的信息有较多了解的人时，在说好的同时，记得说点小瑕疵，那样会使你说的话更具有可信性。心理学中将这称为双面技术。

因为对方对你所说的信息有比较多的经验，因此他的判断能力也更强。

你只说好的方面，只会让对方觉得你说的信息不真实，有所掩盖。通常，人们是知道得越多，怀疑就越多。

再拿卖车做例子。如果你的客户是一个换了很多台车，有很多年驾龄，对车比较懂的人。这时候你向对方介绍车子的时候就需要在介绍车子如何如何好的同时，适当说点无关紧要的小瑕疵，这样的话对这样的客户就更有说服力。

【微沟通 14】 一次性说服或者持久性说服，要用不同的引导策略

一次性说服是指对方一次就可以做决定，不容易反悔的说服，比如短暂的一次销售或者签合同这样的行为；持久性说服是指对方可能随时可能反悔的说服，比如家长教育孩子不要打架，再回头又去打架，再比如某个人对某个事物的态度，这种就属于持久性说服。

这两种说服所用的策略是不一样的。对于一次性说服，不是很关注对方的深层态度的改变，只希望对方可以做购买或者签单之类的决定。而长久性说服则需要更加关注对方深层态度的改变。而要改变对方的深层态度，需要更多的理性说服。也就是说，相比一次性说服，长久性说服需要更多的理性说服成分。也就是确认对方是“认为”而不是一时的“感觉”。

【微沟通 15】 说的越流利，就越有说服力

心理学的研究表明，你说的话越是流利，你的话听起来就越是具有可信性。这不难理解，说的越流利听起来就越是无懈可击，要是说的吞吞吐吐，就说明你自己还没有完全理清楚自己的想法，你在这样的情况下去说服别人，别人就容易找出你的破绽。

除了组织好自己的语言外还有一些有趣的手法可以增强话语的流利程度，比如用押韵的方式表达，或者用排比句，或者用对方习惯的表达方式去表达你的看法，还有说话的语速可以适当快些，以及果断的语气，这些都可以增加你的话语在对方耳朵里的流利程度，也可以使你说的话更具有可信性。

所以在说服对方前，不妨先演练一下，把语言组织得越流畅，你就越有机会说服对方。

【微沟通 16】 正面说服更有效

当你试图以对方接受你的建议会得到好的结果这样的方式去说服对方时，这在心理学上被称为正面说服。

心理学家最近的一项研究分析了以往关于这个领域的 29 个研究，总共包括了 6 370 多人参加的实验。得出的结论认为，相比于反面说服，正面说服更有效。特别是在广告界，广告界大多数采取的是正面说服的方式，都是把自己的产品和美貌健康财富等相联系。

因此，当你无法唤起对方恐惧时，记得唤起对方对美好事物的期待。可以给对方描绘一下接受你的建议之后的美好蓝图。

总之，在说服对方时，一定要善于调动起对方的情绪，不管是消极的恐惧还是积极的期待，这样才能更有效地说服对方。

【微沟通 17】 说服时该怎样控制自己的语速

说服不同的人要用不同的语速，说服他人时语速也是需要考虑的一个问题。说服那些对你的观点本来就倾向于比较认同的人时，应该用较慢的语速。这样的语速使对方有时间更加深入地思考你的观点，这样可以加深对方对你的认同。

而对那些对你的观点可能不怎么认同的人，则要使用较快的语速去说服他。较快的语速可以在短时间内提供给对方很多信息，就像是用信息去轰炸或者催眠对方的大脑一般。较快的语速使对方没有时间细想，更容易被你的观点所催眠，也就没有机会表示异议，因而更加可能被你说服。

【微沟通 18】 唤起对方的恐惧，从而说服对方

禁烟广告中，会用肺癌这种恐吓性信息来说服人们戒烟。同样，你也可以将这种手段用在说服他人上。暗示对方不接受你的建议的不良后果，使对方产生心理紧张，那样对方就会更依赖你，也就更容易被说服，这在心理学中被称为反面说服。

比如，直接一些的可以用这样的句式“如果你不怎么怎么样的话，你就会怎么怎么样”，或者通过一些形象的方式（如图片和影像等）让对方产生对

不良后果的想象。委婉一些的可以通过一些类似的事例去暗示对方可能的不良后果。

这种说服方法的重点在于唤起对方的恐惧感，因为心理学的研究证明，人天生就是对负面信息更注意。不管对任何人来说，防止危险是首先要做的，接下来才是得到好处。当然，运用这种方法说服别人时要注意一点，那就是“不良后果”确实可以引发对方的恐惧，如果你向别人卖一瓶汽水，那你自然很难用这种方法说服别人。

【微沟通19】巧妙的补充、提醒

在沟通过程中，如果发现对方的观点太主观、太片面，可以抓住机会予以巧妙的补充、提醒，从而给予对方积极的反馈。

客户：“你们公司的产品价格偏高，比××公司的高了10%。”

当听到这样的主观、片面的言论时，千万不要急于反驳对方，应该顺着他的思路往下说，让对方在轻松的心态下听取你的意见。

错误的表述：“其实，我们的价格不算高，你想……”

正确的表述：“你说的一点没错，同时，质量也是上乘啊，你说是不是？”

顺着对方的话说，使对方更容易接受，他就更能听进去你说的话。

【微沟通 20】通过提问，抓住对方的需要

很多时候你与对方见面时越说问题越多，最终也没能说服对方。如果采用提问的方式进行交流，站在对方的立场上发出问题，这样就能轻易地说服对方了。

一个推销教育产品的人："你的孩子学习怎么样?""还行吧。"家长通常都会这么说，"他这次考试成绩怎么样?""……""哦，没有考 90 分啊，可惜，你了解原因吗?"这时家长会有一肚子话要说，"我家孩子马虎、粗心……"，"这是有原因的，我们公司是专门解决孩子这类问题的……，我想星期五或星期六见面给您的孩子做个测试，分析一下他学习上存在的问题。"家长对孩子十分关心，绝大部分的家长都会答应的。

家长十分关心孩子的成绩，总是想办法提高，推销人员的问题正好抓住了他的关注点，不仅让他自己把问题说出来，而且对你的测试产生了兴趣。本来他的潜意识里就渴望知道孩子在学习上存在的问题，当你提出见面时间时他会很快做出答复的。

【微沟通 21】用肯定的问句诱导对方

在对话中要让对方回答"是的"就可以了，出现的频率要在每分钟 5 次以上，这样就可以在对方的脑海里留下印象。随着"是的"次数的增多，对方对你接下来提出的问题或要求也会不自觉地给予肯定。

有一名销售员是这样和他的客户交流的：

销售员："你好！×老板，听说您最近开了一个分公司？祝贺你啊！"

客户："是的，谢谢！"

销售员："您一定计划了好久吧?"

客户："是的！"

销售员："……"（再问几个对方会给肯定答案的问题）

客户："是的！"（连说了几个是的）

销售员："统一采购，统一安装，一步到位，避免了许多麻烦，您说呢?"

客户："不错！"

销售员："我们公司就可以为您提供这样的服务，我已经根据您公司的实

际情况作了一份办公耗材推荐表，你可以看一下。”

客户：“哦？我看看。”

客户在这个销售员的设问下，不断地回答“是的”，慢慢地客户形成了肯定的思维习惯。销售员顺势提出了自己的建议，并强调是建立在调查的基础上的。此时，客户的内心已经产生了认同感，拒绝的概率就会低很多。

【微沟通 22】在迟疑时促进决定

如果对方将抓摸下巴的手放在嘴唇之间（一般这根手指是大拇指或食指），或者对方将笔的一端放在嘴唇之间，那表示对方还在迟疑，他还需要一段时间才能做出比较肯定的判断。

这时，你应当多给对方积极的暗示以加快对方做出肯定判断的速度。此时的眼神交流、关键细节的进一步解释等都可以减少对方的犹豫，加快对方做决定的速度。

如果此时不抓住时机促使对方决策，就可能错失良机。假若对方最终放下手指或者笔，做出了不利于你的决策，这时候再想改变对方的决策就会变得比较困难了。

【微沟通 23】预设前提式的问话

比如当你走到一个水果摊时，老板看到你在拿起苹果看，他可能会立马问你要几斤，也许你还想多看几家，不过被老板这么一问，很可能你就会顺口说个斤数。水果摊老板在问你这句话时就假设了你已经打算要买，这是这个问话得以成立的前提。

再比如当你去买卷饼吃时，那些营业员会很快地问你加一根鸡翅还是两根，那样你就可能会顺便说一个就加一个吧，要是他问你加不加鸡翅，也许你会说不加。在平时的沟通中，你也要善于用这种预设前提式的沟通引导对方做出符合你期望的决定。

【微沟通 24】用不相关谈话降低防御心理

在与他人进行有目的的沟通时，最好不要直接说明自己的目的，那样很容易会被别人拒绝，最好的方式是先通过拉家常的方式增进彼此的好感和距离，然后再慢慢暗示自己的目的，那样更能达成自己的目的。

直接告知对方自己的目的，一是会显得比较唐突，二是很容易引起对方的防御心理。如果在你们已经有过一定的沟通，彼此的生疏感减少后，再选择适当的时机说明自己的目的，这样对方就更加能接受，也更不好拒绝你。

这一方法适合于推销商品时使用，也适合于追求别人时使用。如果一个推销员直接向陌生顾客推销自己的产品，效果肯定不会好；如果他能在与顾客有一定交流的基础上再适时推销自己的产品，效果自然会好很多。

【微沟通 25】 利用期望心理，使对方做出符合自己期望的事

人们都是活在别人的期望里，心理学中有著名的罗森塔尔效应，这个效应就很显著地体现他人对一个人的期望对一个人的行为产生了多么大的影响。

1968 年，心理学家罗森塔尔和雅克布森来到一所中学，他们给这所学校的所有学生都做了一个 IQ 测试。测试完毕后，他们告诉这些学生的老师，其中有些学生的智商非常高。

然而实际上那些所谓的高智商学生并不是经过严格的智商测试得出的结果，而只是这两位心理学家随机抽取的学生，这些学生的智商并不比其他学生高。然而两年后当这两位心理学家来到这所中学时，他们发现那些“高智商”学生的学习成绩都有了大幅度的提高。

这两位心理学家认为正是老师对学生的期望使他们的成绩获得了大幅度的提高，这种心理学效应就被称为罗森塔尔效应。

同样，在与他人沟通的过程之中，你要按照你希望对方所是的样子来和对方说话，在沟通的过程中把对方看成是你理想中的样子，这样对方就更加可能做出你想要他做出的行为。

【微沟通 26】 顺序不同意义就不同

在与他人沟通时，怎样安排说话的顺序很重要。一个经典的例子就是，一位士兵向将军报告战况时所用的不同顺序引发了将军截然不同的情绪。当士兵向将军报告队伍“屡战屡败”时，将军勃然大怒；而当士兵向将军报告队伍“屡败屡战”时，这支队伍得到了将军“勇气可嘉”的鼓励。

“屡战屡败”与“屡败屡战”两者唯一的不同只是顺序不同，但是产生的

效果却截然不同，原因在于前者重点在“败”、后者的重点则在“战”上。

再举一个例子，假如你想问领导在上班时间自己是否可以听歌，你可以说“我能在听音乐的同时工作吗?”而不是说“我能在工作时听音乐吗?”因为在前面的问题中你把重心放在了工作上，而在后面的问题中你却把重心放在了听音乐上。前面是把工作放在第一位，而后者则把听音乐放在了第一位。

【微沟通 27】 多个人一起暗示对方，效果更好

两个人认为某件事是正确的要比一个人的可信度高，如果三个人认为它是正确的，那么它便是真的正确了。在与陌生人沟通时不妨带一个朋友或助手，可以起到加强暗示效果的作用。

罗比：“只有热情的主人他的院子才会这么漂亮。”

助手：“的确是这样。”

罗比在暗示主人是一个热情好客的人，他的助手只需简单的附和，主人会对罗比所说的话深信不疑，也不会将他们拒之门外。

主人：“谢谢，我每天很早就起来除草、浇花。”

罗比：“您每天都这么坚持吗?”

助手：“那真是太了不起了。”

主人：“谢谢，是的。”

罗比暗示对方是一个勤劳的人，但没有直接点明而是通过他的助手来实现的。在通过多人进行暗示时，进行暗示的一方不能总是使用相同的方式暗示，助手也不能只是一味地附和，在暗示的过程中要避免引起对方的反感。

【微沟通 28】 如何说服疑心重的人

说服疑心重的人，需要先认同并表示理解他的担心，也就是告诉他“你的怀疑是合情合理的”，然后再摆出事实证据，帮他排除掉所担心的事情，这样就更有可能说服对方了。

甲：“你提的建议是不错的，不过你有没有想过，这么做会有什么不良后果?”

乙：“我明白你所说的不良后果的意思，这个不良后果就是我们很可能要损失掉一笔钱，我也这么担心过。不过照目前来看，我们还是要抓住机会搏上一搏，不然到后面会更加被动。”

甲：“嗯，可能你是对的。”

要化解对方的疑心，并不是通过驳斥对方的怀疑没有道理，而是以承认对方的怀疑有道理开始，这样你才有办法解决对方的怀疑。

【微沟通 29】 如何说服性急的人

对于那些性子比较急的人，在说服对方时，也要学会按着对方的性子来。这就要求你说话时要尽量简洁明了、清晰、不含糊，最好是几句话切中要害、不拖泥带水，那样就更有可能说服这些性急、讲求效率的人。

甲：“你看这样好不好？我们邀请一个第三方做中间人和见证人，这样对大家都好。”

乙：“嗯，既然我们彼此都不是很放心对方，这的确是个解决问题的办法。”

甲：“那好，就这么办，这个中间人要选择你我都认识的，又跟你我关系都差不多的人。”

乙：“嗯，好的。”

对于性急的人来说，他们往往希望尽快找到解决问题的方案，而不是被动地等待，被动等待对于他们来说是一件很不舒服的事。

【微沟通30】如何说服讨价还价的人

有些人在与他人交往时，总喜欢讨价还价。对于这些人开始的条件就要定得宽容一些，留出一些讨价还价的空间来，这样对这些人的讨价还价可以表面上予以满足，还可以满足对方喜欢贪小便宜的心理。

顾客："这件衣服能不能便宜些？"

店员："这已经是最低价了。"

（顾客不语）

店员："我看您来买过好几次了，也确实喜欢这件衣服，这样吧，就给您打个9.5折怎么样，你知道我们这儿很少打折的。"

顾客："好的，谢谢，我要了。"

喜欢讨价还价的人总有不断地讨价还价的冲动，因此面对这些人要给对方讨价还价的空间已经很小的感觉，因此在讨价还价时可以象征性地让一些好处给对方，切不可让太多。

【微沟通31】如何说服犹豫不决的人

那些在做决定时比较犹豫的人，往往考虑的问题太多，或者是对自己的决定没有信心。针对这样的人，在说话的时候，就要多用一些肯定性的语句，可以帮助他们更快地做出决定。避免用"不是"、"不要"等否定性的语句，这会使他们更加难以做决定。

甲："我不知道自己该不该这么做。"

乙："相信自己，你肯定能行的。"

甲："说实话，其实我很担心。"

乙："担心是正常的，但你必须这样做才有机会。"

甲："嗯，也许你是对的，我必须这么做，大不了失败。"

在面对犹豫不决的人时，要用肯定性的话语去坚定对方的信息和勇气，避免使其陷入犹豫不决中长时间难以做出决定。

【微沟通32】停顿一下，记得更牢

《国王的演讲》讲述了英国国王乔治六世战胜自己口吃的故事，在日常生活中，人们也总是试图使自己说出来的话更加流利。心理学研究也发现，那些说话流利的人被认为是聪明而博学的。不过乔治六世那样的讲话方式其实也有一个意外的好处。

在《国王的演讲》电影快要结束时，乔治六世发表了自己鼓舞国民的第一篇战时演讲。在演讲的过程中多处有停顿，但这时候这样的停顿确有一种特殊的效果，使得乔治六世的演讲显得庄重而深沉，也更能表现出演讲中传达出来的沉重而又真诚的感觉。心理学的研究还表明，演讲中有停顿的地方，这样的演讲的内容反而更容易被听众记住，特别是停顿完说的话。

因此，在演讲中如果想要使自己的话显得更加庄重，想要使自己的话可以更好地被听众记住，不妨在演讲的过程中稍加停顿。

【微沟通 33】 交叉双臂可拒说服

交叉双臂意味着否定和防御的态度，因此当别人试图说服你，你想避免自己被对方说服的时候，就可以交叉自己的双臂于胸前，这样一是让对方感觉到你对他的拒斥态度，二是强化了你对对方的不认同。

因为人的身心是互相影响的，就像你做出笑的动作会增加你的快乐感，即使你真的并不开心。同样在你做出交叉双臂于胸前的动作时，这个动作本身就降低了你对对方的认同感，所以就会使你更加不可能认同对方。

因此，如果你想表明对对方的拒斥态度或者避免被对方说服，就可以手臂交叉于胸前。

第18章

如何识破对方的谎言

谎言在沟通过程中其实很常见，应该如何准确地识破对方的谎言呢？本章将会为您揭晓答案。

【微沟通 1】 以谎破谎技术

一种破除对方谎言的方法是在对方所编造谎言的基础上再加些谎言，对方因为在说谎，因而就不能判定你所说谎言的真实性，从而使自己的谎言败露。比如，下面是一段警察与犯罪嫌疑人的对话。

警察：“1998 年××月××日××时你在哪里?”（那时候发生了一起案件）

犯罪嫌疑人：“我当时在上海。”（案子发生在南京）

警察：“那天上海有雨，你在上海做什么？”（上海那天是晴天，警察故意说有雨，等待对方的反应）

犯罪嫌疑人：“我记得当时我冒雨去了外滩。”

通过这样几句话，对方的谎言就败露了。所以在平时的生活中，如果你想使对方的谎言败露，只需要在对方的谎言里再加上些谎言就可以验证对方是不是在说谎了。

【微沟通 2】 具体化破谎技术

人们在撒谎时所说的话大多是含糊其辞的，一种识破对方谎言的方法就是不断追问，让对方说得具体些。他说得越具体，他的谎言的漏洞就越大。比如在一起谋杀案中，警察问犯罪嫌疑人案发当时在哪里，犯罪嫌疑人谎称去了酒吧喝酒，警察最终用具体化的技术识破了犯罪嫌疑人的谎言。

警察："你去了哪个酒吧？"

犯罪嫌疑人："××酒吧。"

过了一会儿，警察说："胡说！我们刚才查了××酒吧当晚正好关门歇业，说！那晚你到底在哪里？"

这样，就识破了对方的谎言。因此在平时沟通时，如果你怀疑对方在撒谎，也可以用继续追问的具体化技术，使对方露馅。

【微沟通3】 通过倒述破解对方的谎言

警察："事发当天你都做了什么？"

犯罪嫌疑人："我八点去了×××，十点在去××的路上，十二点……"

（犯罪嫌疑人按时间点对答得非常流利，完全有不在作案现场的证据）

警察："请你把当天所做的事按从后往前的顺序再说一遍。"

犯罪嫌疑人："下午三点的时候，我……我在……"

犯罪嫌疑人开始语无伦次，他根本无法顺利地将自己所做的事情倒叙着说出来。警察很快断定，嫌疑人刚开始一番流利的对答是提前编造出来的谎言，他可以按自己编排好的谎言顺利地背出来，但是因为没有切实做过这些事情，对这些所谓他做过的事情没有深层记忆，所以当被要求倒着说出他所做的事情时，他就露出了马脚。

因此，当面对一个高明的说谎者，你要引导他露出马脚。可以假装没有听清他刚才叙述事件的先后顺序，然后随即抽出几个时间点，让他倒叙着说出当时做了什么，如果他无法流利地对答出来，这就说明他刚才所说的话是提前编排好的谎言。

【微沟通4】 撒谎者很少用第一人称

撒谎者的一个重要特征是较少用第一人称"我"或者"我的"。撒谎者用"我"比较少，其原因在于事情没有发生过，对方是在编造事实，所以对方与他编造出来的"事实"之间存在着心理距离。

尽管对方想极力掩饰这种心理距离，给别人他所编造的谎言就是事实的感觉。不过这种心理距离还是会通过一些无意识的途径表现出来，对方在撒谎时很少用"我"就是这种无意识的表现之一。因为当对方很少说"我"时，这在潜意识中相当于承认了自己实际上并不是那些“事实”的拥有者和参与者。

甲：“你怎么这么晚才来?”

撒谎者：“车坏了。”

未撒谎者：“我的车坏了。”

因此，如果你发现对方在说话的时候很少用到“我”或者“我的”，则说明对方很可能是在撒谎。

【微沟通 5】撒谎者会重复质问者的话

撒谎者在回答别人的质问时，会显得比较机械、不灵活，给人以背诵感，说话时所用的语气词比较少，显得情感单薄。因为那些事本来就没有发生过，自然难以调动起他任何的情绪。还有一个重要特点就是重复质问者的话，作为对质问者质问的回答。

甲：“你去过他家吗?”

撒谎者：“我没有去过他家。”

未撒谎者：“没去过。”

撒谎者因为是在撒谎，所以他的回答一般不够口语化，显得呆板、机械。如果对方说出来的话有这样的特征，你就要怀疑对方是不是在撒谎了。

【微沟通6】 撒谎者急于辩解

撒谎者大多不能平静地说出自己的谎言，他们总是力图使别人相信自己的谎言，因而他们往往急于辩解。当别人对他们所说的话稍有疑问时，就可以激起他们强烈的情绪反应。

甲："你去过他们公司没？"

撒谎者："我没有去过他们公司，我哪有时间？"（急于辩解）

未撒谎者："没去过。"

可以看出，未撒谎者因为不担心自己的话被怀疑，因此回答一般比较简练；而说谎者则害怕自己的谎言被拆穿，因而急于自我辩解。这种自我辩解往往是还没等别人怀疑，自己就开始驳斥对方的怀疑，这是一种典型的防御态度。

【微沟通7】 撒谎者的表情和说话不同步

撒谎者因为是在撒谎，往往他们所说的话和表现出来的情绪难以匹配和一致，只要仔细观察总会发现漏洞。一种常见的表现就是他们的表情和所说的话不同步，表情往往迟于他说的话。

甲："今天特地来拜访您，希望没有打扰您。"

撒谎者："没有没有，欢迎！"（说完后才勉强挤出点微笑）

未撒谎者："没有没有，欢迎！"（说话的同时满脸的笑容）

可以看出，撒谎者的表情明显迟于说出来的话。这是因为，撒谎者很难有意识地同时控制好两个方面。他只是在表演，因为不是专业的演员，所以很难在说话的同时表情也表现到位，因此往往是话说出来以后才表现出应有的情绪。

【微沟通8】 撒谎者的表情和说话不一致

撒谎者表情和说话的另一种明显特征就是不一致。所谓不一致，就是撒谎者在说出话的同时却表现出不相称的情绪。比如，撒谎者在说出"我很高兴"时可能表情上并不那么愉快甚至面无表情，而未撒谎者在说出"我很快乐"时则会满脸堆着笑容。再比如下面的例子。

甲："我想知道你爱我吗?"

撒谎者："我爱你!"（说的时候面无表情甚至微皱了下眉头）

未撒谎者："我爱你!"（说的同时面带着微笑，而且眼睛里含情脉脉）

人们在说出自己的真实想法时，说出的话语和自己的表情是一致的，这种一致不需要有意识地努力，因为它们是大脑真实的想法。而撒谎时，人们的语言和情绪则是分离的，很难做到完全一致。

【微沟通 9】撒谎者的声调会提高

撒谎的时候，撒谎者为了掩饰自己的心虚，会通过提高自己的声调来为自己打气。如果你仔细听就会发现撒谎者的声调会有些异常，这时的声调往往比平时更高更尖，说完话后有吞口水的情况。

女："刚才谁打来的电话?"

男："啊，一个同事!"（说话时候音调提高，在说完话的时候伴有咽口水的行为）

这个男性很可能没有说实话，如果再伴有舔嘴唇或者摸鼻子的行为，那么这个人就很可能是在说谎，打电话的并不是同事，很可能是一个暧昧的异性。有些撒谎者还会出现防御性姿势，比如将手臂放到自己的身前，这仿佛是在守护自己的秘密以免让对方知晓。

【微沟通 10】撒谎者的话有时会比平时更多

前面说到，撒谎者会尽力避免透露细节，因而会少说话，但有些撒谎者则会出现相反（多说话）的情况。这些撒谎者往往说出很多话来说服你相信他，这种企图本身反而证明了他在撒谎。

甲："昨天下午你去哪儿了?"

乙："我去了游乐场，那边的××很好玩，还有……"

这些撒谎者往往会在自己的回答里加上一些不必要的细节来试图说服你，因为一来他怕你怀疑他，二来他会因为暂时的停顿或者沉默而感到不安。而他一直说话也避免给你认真思考他所说话的机会，慢慢转开话题。

因此，如果你遇到那些你问了一个简单问题，对方却说了一大堆没有必要的细节时，你也要怀疑对方可能在说谎了。

【微沟通 11】 撒谎者会用手遮住嘴巴

撒谎者撒谎时会出现一些典型的肢体语言，这些肢体语言有缓解自己的紧张和焦虑的作用。这些肢体语言往往是撒谎者下意识地做出的，因而不容易被有意识地控制，这使得你更容易根据对方的肢体语言来判定对方是否在撒谎。

撒谎者一种常见的肢体语言就是用手遮住嘴巴，这表示撒谎者试图抑制自己说出那些谎言。有时候他们会用几根手指遮住嘴巴，有时候则会自己的整个拳头遮住嘴巴，其实这两者的意思都是一样的。

有些撒谎者还会假装咳嗽来掩饰自己遮住嘴巴的手势。因此，如果你发现对方在说话的同时有用手遮嘴巴以及假咳嗽的情况，就要怀疑对方是不是在说谎了。

【微沟通 12】 撒谎者会用手触摸鼻子

撒谎者撒谎的时候有时会不自觉地触摸一下自己的鼻子，好像撒谎使自己的鼻子变得很痒似的。有时这种触摸是沿着鼻子的下沿很快地摩擦几下，有时只是略微轻触一下，不容易被人察觉，但正是这些肢体语言信号说明了撒谎者很可能在撒谎。

一个典型的例子就是美国前总统克林顿在面对陪审团关于自己与莱温斯基的性丑闻的质问时，他虽然在开始坚称自己与莱温斯基之间没有性关系，但是他在被质问期间却总共做了多达 26 次之多的摸鼻子动作。

当然要注意的是，摸鼻子也有可能是因为花粉过敏或者感冒，还有可能是其他疾病引起的身体不适，并不能仅仅因为对方摸鼻子就判定对方撒谎。如果对方平时很少摸鼻子，在说话时突然多了很多摸鼻子的动作，这时候就要怀疑对方可能在撒谎了。

【微沟通 13】 撒谎者会用手触摸眼睛

撒谎者撒谎时经常出现的一个动作就是摩擦眼睛，撒谎者试图通过摩擦眼睛来避免面对那个正在遭受自己欺骗的人。摩擦眼睛使他避免了与对方的眼神接触，从而让他们感觉更加舒服。

男人在做这个动作时往往是使劲地揉眼睛，有时候还会下意识地将自己的头偏向一侧，这样更加避免了与对方的眼神接触。

女人在做这个动作时则相对含蓄一些，她们一般只是在眼睛下方温柔地轻轻一碰。不过和男人一样，女人有时候也会将自己的头转向一侧，避免与对方有眼神接触。

【微沟通 14】摇头前的快速点头

研究人员发现，很多人在面对别人的质问“是不是”、“做了什么”时，会摇头否定，但是在摇头之前还会再下意识地控制一下表示对对方问题的肯定，也就是迅速地以别人甚少察觉、自己也无意识的点头动作。这个快速点头动作说明质问一方的推测是正确的，对方摇头之后所做的解释都是谎言。

假如你是一名记者，你去采访刚刚出现食品安全问题的一家食品公司。你问前台小姐：“请问你们负责人×××在吗？”前台小姐的两种反应都表示她可能在说谎。一种反应是你刚说完话，前台小姐就不假思索地告诉你不在，这是提前编好谎话的条件反射下的反应；另一种反应是前台小姐稍微迟疑了一下，不经意地微微点了一下头，然后非常肯定地摇头说：“不在。”这时负责人肯定是在公司的。因为前台小姐的快速点头动作已经泄露了问题的真相。

这些表露人的真实意愿的下意识动作往往不受当事人自己的控制，只要细心观察，就可以发现对方的这些下意识动作。根据这些动作，你就可以推测出对方是否可能在撒谎。

【微沟通 15】撒谎者会抓挠耳朵

撒谎者撒谎时还会出现抓挠耳朵的情况，抓挠耳朵和触摸鼻子一样，是一种缓解自身焦虑的动作。人的耳朵是一个很有意思的器官，对耳朵的抚摸可以有效地降低一个人的焦虑感。

撒谎者在撒谎时大多存在或多或少的焦虑感。这种焦虑感一方面来自道德上的焦虑感，觉得自己欺骗了别人，这可能违背了自己的道德准则；另一方面则是害怕被别人发现自己谎言的焦虑感。

抓挠耳朵的动作有多种变化，比如摩擦耳郭后面，或者轻轻拉一下自己的耳垂，有些人还会将手指伸进耳道里掏耳朵。如果你在与对方交谈时，对方频繁地碰触自己的耳朵，这说明对方可能在撒谎。

【微沟通 16】撒谎者会抓挠脖子

抓挠自己的脖子也是撒谎者容易出现的肢体语言，这个动作的典型形式是用自己的食指抓挠脖子侧面位于耳垂下方的位置，有时撒谎者会用自己的整个手掌抚摸那个位置。不管是用食指还是用手掌抓挠腮子，这样的动作一般都会重复五次左右。

抓挠脖子意味着疑惑和不确定，做这个动作就像对对方说“我不确定到底怎么回事”、“我不能确定你是对的还是错的”、“我很疑惑”等。

甲：“你认为这样做怎么样？”

乙：“挺好的。”（抓挠自己的脖子）

在上面的对话中，乙虽然表面上赞同了甲，但实际上乙抓挠脖子的动作表明了他还存在一定的疑惑，这时候他就是在说谎。因此，当你下次看到别人在一边对你表示赞同一边却在做出抓挠脖子的动作时，他很可能是在说谎或者敷衍你。此时，你可以问上一句：“有什么问题吗？”

【微沟通 17】撒谎者会拉拽衣领

撒谎会使面部与颈部神经产生刺痒的感觉，于是撒谎者往往会通过抓挠或者摩擦来消除这种不适。这种现象不仅解释了人们为何会在撒谎的时候抓挠脖子，还揭示了另外一种撒谎的征兆，那就是拉拽自己的衣领。

没错，撒谎者时常会有的一种动作就是频繁地拉拽自己的衣领。这是因为撒谎者一旦感觉到别人的怀疑，他的血压就会上升，上升的血压会使脖子发热冒汗或者出现不适感。

当你看到别人拉拽衣领时，你不妨对对方说：“怎么，你觉得有什么问题吗？有问题的话，你但说无妨。”

第 19 章

别人难过时，如何安慰他

当别人难过的时候，应该如何去安慰他们呢？在本章中你将会发现人们平常采取的很多安慰他人的方式都是不正确的，并学会以正确的方式安慰他人。

【微沟通1】别人难受时，不要显示你的聪明

一位女士被一个男人伤害后，她的一位朋友如此安慰她："我早就看出来那家伙不是什么好东西。"

可能这样的话也是你有时会对朋友说的，但这样的话并不能安慰朋友，只会让朋友觉得你在做事后诸葛亮。这样的回答也不会让朋友心里好受多少，你的话语中只是急于去评价、表达自己的看法，却没有照顾到朋友的感受。因此，这样的表达既不能表达自己的同情心也不能表达对朋友的支持。

更好的说法应该是："我理解你现在的感受，我也被感情伤害过，你有什么需要的，可以随时找我。"

这句话就充分显示了你对朋友感受的关注，也会让对方觉得更温暖——你并没有去做任何判断，只是表达了你理解她的感受，并表示了你对对方的支持。这样的话语显然更能表达你的同情心，能让朋友感受到更多的支持。

【微沟通2】不能否认对方的感受，否则你无法赢得好感

有时候你可能会对别人说这样的话"不用难过，不用担心"。这样的回应，目的当然是为了安慰别人，但这样的话语其实是在否认别人的感受，暗示对方这没什么可难过的、没有什么可担心的。这明显表明你不理解对方的感受，还有不接纳对方的感受，因此这无法让别人对你的话产生认同。

别人并不会因为你说"不用难过"就真的不再难过，也不会因为你说"不用担心"就真的不担心。应该尽量去理解和接纳别人的感受，真正有效的说法也是建立在对别人感受的接纳和理解上的。比如"我知道你很担心……不过之前你已经克服过类似的困难了，因此我相信你一定会度过这个难关的。"

【微沟通3】要重视对方重视的，他才会重视你所说的

人们只会为自己重视的事投入感情，不管是高兴还是难过都是因为在乎。但有时在沟通时却会犯一些显而易见的错误，比如说"这没什么大不了的"，或者"不过……而已"之类的话。这样的话只能说明你觉得没什么，对方要是觉得没什么就不会难过或者害怕了。

这句话只会表明你把别人认为重要的事认为不重要，这只会让别人觉得你不理解他，甚至别人暗地里会说：“你当然觉得没什么，又不是发生在你身上！”正确的反应方式应该是“我知道这件事对你很重要……”或者你尝试去了解这件事对别人的意义到底在哪里，这样才能有效地安慰别人。

【微沟通4】不要告诉他：“这件事很快会过去”

有时候与他人沟通时，必然会遇到对方焦虑、痛苦的情况。

在这种情况下，很多人常常试图让他人跳出自己现有的感受，从一个更宽广的角度、从他人的角度或者未来的角度来看待自己遇到的挫折，想以此让对方从当下的环境中跳出来。

心理学的研究表明，这种对话没有多大的效果。比如，你会说“五年后你可能就忘了这件事了”，这话也许虽然不假，但并能宽慰此时此刻的对方，因为当下对他们来说才是重要。更好的方法是帮助他分析问题，你可以这样说：“我们分析一下这件事是怎么回事吧……”

【微沟通5】不要去评价，评价只能让对方远离你

当朋友遇到挫折时，一定不要去评价对方的过失，比如说类似于“这也怪你自己，你当初不应该……”的话，这样的话可能只会加重朋友的不良情绪，也会让对方感觉失落，更多的话也不会再想对你说。评价别人的过失是

最容易不过的事了，这对朋友没有意义。

很显然，你的朋友需要的不是你告诉他他错了或者你的其他任何评价，他希望得到的是你的支持。正确的做法是想办法让他打开话匣子，倾诉他的苦衷。你只要予以支持性的回应就好，比如很认真地倾听。慢慢等事情平息了，如果朋友有需要，你再去帮朋友分析问题。

【微沟通 6】 帮朋友分析问题时，态度需谨慎一些

有时候在朋友之间的沟通过程中，需要帮对方分析问题。这时候一定要注意谨慎谦虚，话不能说的过于绝对。

假使你说的不正确哪怕是不全面，也会大大损害你给对方的印象，即使你说的没错，太过直接的表达也会使对方产生防卫心理，不容易接受。

所以在帮朋友分析问题时，尽量要用“也许有×××方面的原因”或者“可能是这样的……”之类的话，并在说过之后征求朋友的意见。这样对方更容易接受，而不是很武断地说“肯定就是这样的”之类的话。

【微沟通 7】 听听对方的看法，不是试图去证明自己的观点

在帮朋友分析问题时，很多时候容易犯“局外人聪明”的错误，好像自己看得很明白。很多时候是反复不断地向朋友灌输自己的观点，比如说像“早就给你说……你还不信”之类的话。这种分析问题的方式是在暗示你早已看明白了事情的来龙去脉，而对方还没有明白。也就是说，这是在暗示你比对方更聪明，而对方则比你差劲。

如果你如此分析问题，给别人的感觉你似乎更在乎自己的看法正不正确，而并不在意如何帮你的朋友解决他所面临的问题和困惑。这样的方式对对方来说是没有多大意义的，甚至觉得你自以为是，慢慢远离你。

正确的方式应该是抛弃这种“局外人聪明”的错觉，谦虚谨慎地说出自己的看法，避免给别人你要强力说服别人认同你的看法的感觉。

【微沟通 8】 用假设式发问安慰对方

所谓假设式发问，就是将对方带入一种假设的情境中，然后使对方尽力处在一个客观的立场上。假设式发问的一个妙用就是用来安慰别人，避免对

方出现过激行为，给对方提供心理免疫，避免对方因为突如其来的打击而出现严重的情绪问题。这种发问用在对方尚未知道但会对他造成很大打击的事情上比较妥当。

甲：“假如是你，你怎么面对老人去世的事？”

乙：“蒙田不是说过吗？‘少年殒命，兰摧玉折，老者故世，果熟离枝’。”

甲：“我要告诉你一件事，你父亲刚刚去世了。”

通过这种假设式发问可以使对方提前理性地看待问题，避免了因为突如其来的打击而出现不理智的行为。

【微沟通9】安慰别人时的坐向

在安慰别人时，不宜采取面对面而坐或者侧身坐向，这两种坐向都不能提供强有力的支持和安慰。如果你采取这两种坐向特别是面对面的坐向，你会发现自己对对方的安慰很难有明显的效果。

更好的方式是坐在对方的同侧，坐在对方的身边，这种坐向本身就暗含着我和你在一条战线上的意味，所以具有安慰的意味。在这样坐的同时，你再给对方一些关怀与温暖，就可以起到很好的安慰效果了。

可能你坐在对方对面安慰半天都效果不明显，但只要你坐在对方的同侧，安慰的效果立刻就会有所改变。

【微沟通 10】 用身体语言安慰对方

当你安慰别人时，话语上的安慰确实是很重要的一个方面，不过身体语言的安慰也是很重要的。

当别人向你倾诉自己的郁闷与不幸时，你可以用关切的目光注视着对方，并适当弯下自己的身子。还可以通过一些肢体接触安慰对方，比如轻拍对方的肩膀或者握着对方的手，关系如果比较亲密还可以给对方一个拥抱。

特别是当你还没有想到很好的安慰对方的语言时，可以静静地听着对方倾诉，并用一些肢体语言去安慰对方，这样就会给对方带去很大的宽慰。

第 20 章

怎样拒绝，对方更容易接受

拒绝他人很容易伤害到彼此的关系，那么应该如何在拒绝别人的同时，又不伤害你们之间的关系呢？

【微沟通 1】 表达同理心之后拒绝别人

在沟通中，有时候别人对你提的建议或者要求你会觉得很难接受，即使这样，也不要急于一口否定说“不”。可以试着从对方的角度出发，理解对方的意图，然后在对对方表示理解的基础上，再拒绝对方。

甲：“这件事你一定要帮我，你不帮我的话……”

乙：“我知道你很着急，实际上我也曾经遇到过这样的困难，当时……所以我要告诉你的是……”

在对对方表达同感的基础上，再拒绝对方会使对方觉得好接受一些，这样也能争取到对方对自己的理解。

【微沟通 2】 用诱导法巧妙地拒绝别人

在拒绝别人时，要是直接拒绝，很容易让对方觉得没面子，也容易让对方产生怨恨的情绪。这时候一种比较好的方法就是诱导对方推出你拒绝他的理由，使对方无话可说，这种方法就称为诱导拒绝法。

比如，甲向乙打听秘密。

甲：“可以告诉我……吗？”

乙：“你能帮我保密吗？”

甲：“当然可以。”

乙：“那么我也可以……”

这种方法的要领在于让对方站在另一个角度上思考你对他的拒绝，使他自己意识到你拒绝他的理由。一方面可以使对方更加理解你为什么拒绝他，另一方面也使对方无话可说。

【微沟通3】应该如何拒绝邀请

有时候别人向你提出邀请，但你不想去或者因为有事不能接受别人的邀请，这时候应该怎样拒绝对方而又不伤害对方呢？首先，一定要先感谢对方的好意和邀请；然后，详细说明自己不能去的原因。

甲：“周日下午我请你吃饭，我再叫上几个朋友，我们好好聚聚，你看怎么样？”

合理回应：

乙：“很荣幸能收到你的邀请，不过我周末要去别的城市出差，实在不好意思。”

欠妥回应：

乙：“不好意思，没时间。”

第一种回应显然更容易被对方接受，被邀请者首先表示了对对方邀请的感谢，然后又解释了不能去的原因。第二种回应则显得比较生硬，让人难以接受。

【微沟通4】建议式拒绝让对方更容易接受

在拒绝别人的时候，如果能给出对方一些有用的建议，那对对方也算是一种“补偿”，可以减少对方因为你的拒绝所带去的不良情绪。

张：“王哥，我的工作任务怕是难以完成了，你能不能帮我做一些？”

合理回应：

王：“小张，很不巧，我的工作任务时间也赶得紧啊，不过也许你这样做就会快点……”

欠妥回应：

王：“小张，恐怕我帮不了你。”

相比第二种回应，第一种回应对方显然更能接受，因为你在拒绝的同时给对方提供了建议，哪怕对方知道你的建议不是那么有效，也会更能接受你的拒绝。

【微沟通 5】转换话题拒绝对方

当别人对你提出要求或者请求时，一般都会绕个弯子再说出他的意思。如果你在对方说到一半时就知道了对方的意图，并清楚了自己并不能满足他的请求或者要求时，可以及时地改变话题。这样在对方还没有明确地说出请求前，暗示对方，避免尴尬。

甲："最近怎么样？一切还顺利吗？"

乙："还好，你怎么样？"

甲："我也还好，只是工作上遇到些问题。"

乙："什么问题？"

甲："最近在投资一个项目，可惜资金不足啊！"

乙："哦，说起项目，我看到有个项目还不错……"（转换话题）

乙通过转换话题避免了对方做出借钱的请求再行拒绝的尴尬。如果对方在后面想重新提起借钱的事，就可以再转换话题。经过这样两三次，大多时候对方就会明白你的意思了。

【微沟通 6】拒绝对方忌拖延

在拒绝别人的请求或者要求时，一定要及时，避免让对方在你身上投入很多精力后再拒绝对方，那样只会使对方更加怨恨你。在有些情况下，可以采取比较明确的拒绝理由。因为，如果你临时找个推托之词，对方总是可以继续纠缠你。

甲："你一会儿帮我修一下汽车好吗？"

乙："我一会儿还有事。"

甲："那你明天帮我修吧，这事就拜托你了。"

在上面的对话中乙想借有事来拒绝甲，不过同时也给甲留下了纠缠他的理由，当甲再次提出请求时乙就变得更加难以拒绝对方了，如果拒绝还会被认为不真诚。这时候更好的方式是直接告诉甲："我修车并不专业，只是自己玩而已，我怕给你没修好反而修坏了。"

【微沟通 7】拒绝对方忌套近乎

一旦别人和你套近乎后，你就会发现自己更加难以拒绝对方。这时候一种有效的方法就是在你认为对方可能有求于你时，要避免给对方套近乎的机会。比如拒绝对方的宴请，避免对方与你有身体上的接触，避免使用亲昵的称呼等。

面对这样的情况，也许更加直接的拒绝效果会更好。直接的拒绝可以明确地表明自己的态度，也可以避免给对方留下任何口实。比如，可以说："这件事我还真帮不了你，不好意思。"

【微沟通8】拒绝别人时表示遗憾

在拒绝别人的同时，一定要向对方表示遗憾，不能冷冰冰地拒绝，这样会给你们的关系带来不利影响。表示遗憾时最好能够获得对方的理解，这样的拒绝更加委婉，更加不容易伤害到你们的关系。

甲："你能帮我做这件事吗？"

乙："我也很想帮你，不过真的很遗憾，到时候我也有工作任务的。"

这样的表达说明了这样的意思，就是自己有心帮助对方，却无力帮助。只要成功地传达给对方这样的信息，那么你的拒绝就不像是拒绝，只是表明自己的无力而已。

【微沟通9】帮倒忙型拒绝

在拒绝别人时，可以说自己的能力真的不行，会给别人帮倒忙，并使对方相信这一点，那么你的拒绝对方就更加能够接受。

甲："你帮我把这个零件做了怎么样？"

乙："这个零件技术要求很高的，以我目前的水平，肯定是达不到您这样的技术水平的。如果我接受这个任务的话，很可能会没能在任务期限内做好零件，最终反而拖了您的后腿。"

在上面一段话中，甲对乙充分论述了自己有可能帮倒忙的情况。这个拒绝似乎更多是站在乙的角度上为他考虑问题，因而这样的拒绝也更加容易被乙接受。

【微沟通10】拒绝的同时挽回关系

在拒绝别人的同时，如果能及时挽回关系的话，这样的拒绝对彼此的伤害会小很多。

甲：“周末的聚会你能来吗？”

乙：“很遗憾我真的去不了，我要回家处理一些事情，您能邀请我，这让我深感荣幸。下次有什么活动叫上我，我一定去！”

在拒绝对方的同时，乙及时表达了对对方邀请的感谢，并紧接着承诺了下次“一定去”，这使得乙的拒绝听起来就容易接受很多。

【微沟通 11】 委婉处理别人的拒绝

有时在沟通中你会遭遇别人的拒绝，那么应该如何应对这种拒绝呢？你应先对别人的拒绝表示理解，再采取下一步的行动。

客户：“张先生，恐怕你的价格太高了些。”

推销员（微笑）：“我理解你为什么会有这种感觉。”

这种表述的目的在于承认和理解购买者对价格的忧虑，但并不表达赞同或反对对方的意思。在答复别人的拒绝时，切忌使用“但是”或“然而”这样的转折词。

错误表述：“是啊，似乎是贵了点，但是……”

正确表述：“李先生，我理解你的观点，让我们来谈谈这个问题。”

这样，用委婉的话语暂时回避了矛盾的焦点，不会让对方产生抵触情绪，这就为双方建立进一步的合作关系打下了基础。

【微沟通 12】 用幽默化解拒绝

幽默有很多用途，既可以缓解紧张，又可以创造机会。下面就是一个用幽默创造机会的案例。

推销员：“您好！我是××保险公司的×××。”

客户：“几天前来过某保险公司的业务员，他还没讲完，我就打发他走了，我不需要投保，你还是别浪费时间了吧。”

推销员（一本正经）：“谢谢您的关心，您听完后，如果不满意的话，我当场跳楼。无论如何，您还是拨点时间给我吧！”

客户（忍不住哈哈大笑）：“你真的要跳楼？”

推销员（模仿跳楼动作）：“不错，就这样跳下去……”

客户："你等着瞧，我非要你跳楼不可。"

推销员（扮鬼脸）："我也害怕跳楼，看来我非要用心介绍不可啦。"

这位推销员通过运用幽默感来博取准客户开怀一笑，赢得对方的好感，成功得到一次向客户推销保险的机会。

【微沟通13】 面对拒绝，巧妙夸奖

一个杂志社的编辑邀作家写稿。

作家："我太忙了，实在抽不出时间写稿……"

编辑："我知道你很忙，正因为你很忙，我才邀你写稿，太闲散的人是不会有好作品的。"

作家："看来你是位具有专业精神的编辑啊！"

编辑："是的，下面就让我们来谈谈具体的合作事项吧。"

这位编辑每次邀请用各种借口婉言谢绝写稿的作家，竟从未失败过。

通常情况下，初次见面，当你向别人提出请求时，一般都会被对方以"我太忙"作为借口而拒绝，这时候可以间接地夸奖对方，对方在受到尊重和赞赏中也会相应地对你产生好感，接下来的交谈也就会很顺利了。

第21章

避免冲突的沟通策略

往往一句话没有说好，就容易引起人们之间的冲突。在本章中，你会看到人经常存在的错误的说话方式，并学会用更加合理的表达并且应对冲突。

【微沟通 1】不预先假定问题，让彼此的冲突更少

在与他人对话时，你也许会说这样的话“你到底出了什么问题?”面对这样的语言，对方委婉一点可能会说“谁说我有问题?”激烈一点的会说：“你才有问题!”或者你会质问对方“请告诉我实情!”对方则会反驳道：“你哪只耳朵听到我说谎了?”沟通中的许多冲突就是这样产生的。

那么，怎样克服这样的恶性循环呢?这就要求你遇到任何事情都不要急于做判断，多想想事情有没有其他的可能性，多用“是不是”疑问句来代替预先的假定。比如，上面的问题中就预先根据自己的想法假定别人“有问题”或者对方在“说谎”。

【微沟通 2】“应该”还是“希望”

人们经常会用“应该”这个词，但人们很多时候并没有意识到说这个词时，他的内心在表达着什么。“应该”意味着一种理想状态，我应该是受人欢迎的，孩子的成绩应该是好的，我的丈夫应该是爱我的。很多时候不是应该不应该的问题，而是“是不是”的问题。

说太多应该说明你有很多理想化的想法，那样你就更容易失望，你也总会发现有不应该发生的事发生。进而也会让你更加抱怨生活和周围的一切，开始不信任周围的人。如果你对别人老是说“你应该怎么样”，只会让别人对你这样喋喋不休的抱怨心生厌烦。

生活中没有那么多的应该，你不能要求别人一定会怎样，这种“应该”的心理也会严重影响你与他人的沟通。你只能希望别人怎样，下次当你想说“应该”时，记得换做“希望”。

【微沟通3】“为什么”容易引起冲突

“为什么”这个词是一个非常有用，但意义却很微妙的词，它可以帮你了解一个人做事的动机。但不管你是否意识到，“为什么”这个词很多时候听起来会含有一定的批评意味。比如你对别人说：“你为什么要那样做?”对方很可能会回答你：“怎么？我不可以那样做吗?”心里还可能产生“你管得着吗?”这样的想法，你们还可能因为一句“为什么”而起冲突。

那么，如果你想知道对方做事的动机，又想不包含指责的意味，应该怎么做呢？答案是换个词。用“如何”来替换“为什么”，“如何”听起来比“为什么”客观很多，几乎不含有任何感情色彩。

比如你可以问对方：“你是如何决定那样做的?”虽然跟用“为什么”一样都是询问对方做事的动机，但区别在于，“为什么”有指责意味，而“如何”只是好奇。

【微沟通4】尽力避免对方说“不”

卡耐基说过：“你赢不了争论。要是输了，当然你就输了；如果赢了，你还是输了。”为什么？因为你让对方觉得羞惭，你伤害了对方的自尊，他会因此怨恨你。

因此在发生冲突时，千万不要和对方争论，因为对方一旦和你意见相左，说出了那个“不”字，他的所有人格尊严和神经都会高度动员起来，将那个“不”字进行到底。

而你为了维护自己的尊严，也会坚持争论下去，如此一来，冲突不但得不到解决，反倒会被扩大化。

【微沟通5】不要因为过度推论让别人觉得你无理取闹

人际关系中有晕轮效应，也就是对方的少数突出特征会影响你对这个人的整体判断。这其实就体现了人们心里的一种常见误区，就是人们容易过度推论。晕轮效应表现在很多方面，当然也包括与他人沟通的过程中。

比如，也许你听别人说过，或者你自己也说过这样的话“你总是不接我电话”其实别人总是不接你电话是不可能的，不然你们早就交往不下去了。想一想你因为最近忙有几次没接别人的电话，别人这么说，你是不是觉得很冤呢？

这样说固然可以体现出对方想联系你的迫切心理，但有时候也会给别人无理取闹的感觉，更好的说法应该是“这是你这周第三次没接我电话了”。

【微沟通 6】 检验自己的想法，听取他人的回馈

在日常的沟通中，很多时候就是因为自己的先入之见，预先做出了自己认为正确的判断，才导致很多误会乃至冲突的发生。等发现自己错了，再后悔也来不及了。要学会一个有效的技巧来检验自己的想法，具体应该这样做：首先，描述你看到的具体事情，不要做任何判断和推理；其次，想至少两种关于这件事的可能原因，而不是直接下结论；最后，请别人澄清和确认你所想到的原因。可以拿下面这个对话作为例子：

第一步：她不接我电话。（描述事实）

第二步：她可能生我的气了；（第一种可能原因）

也许她现在很忙。（第二种可能原因）

第三步：事后问清楚，她到底是因为什么原因没接我的电话。

而不是因为你们刚闹了点小矛盾就理所当然地想对方生你的气了。这样就能避免轻率下结论所带来的误解乃至冲突了。

【微沟通 7】 因为你怎么样，所以我才怎么样

如果两个人在沟通中发生冲突，最常见的相互指责的句式就是“因为你怎么样，所以我才怎么样”。比如，下面是一对夫妻发生冲突后的相互指责。

男：“因为你老是喜欢唠叨，所以我才会躲着你。”

女：“因为老是见不到你，所以一见你，我才会多唠叨几句。”

可以看出在上面的对话中，丈夫认为是原因的，妻子认为是结果；妻子认为是原因的，丈夫却认为是结果。如果以这种方式沟通下去，只会恶性循环下去，最后把矛盾扩大。正确的方式是不争论什么是原因什么是结果，而

是更多地从对方的角度出发去思考问题，那样更加有利于问题的解决。

比如上面的案例中，丈夫就要想，也许自己经常出差，和妻子见面的机会确实少，而妻子的唠叨只是她表达关心的方式；而妻子就要想，丈夫在外奔波很累，回到家里可能需要休息，妻子可以尝试采用不同的方式对丈夫表示关心。

【微沟通8】 区分事实和判断，避免矛盾

在沟通中，人们很容易把事实和判断混淆起来，而这种对事实和判断的混淆很多时候会给沟通带来麻烦和误解。

甲："你在生我的气？"

乙："我没有生你的气，你怎么这么没有安全感？"

甲："我才不是没有安全感，是你太苛刻了。"

乙："我太苛刻了？你这话什么意思……"

在上面的对话中，可以看出沟通双方都在对话中夹杂了大量的判断，这种判断是基于对他人心思的猜测，很容易使双方起冲突。正确的方式应该是先说出事实，然后再说出判断并寻求对方的确认，而不是直接做判断。

甲："当你不和我说话时，我就觉得你在生我的气，是这样吗？"

乙："我没有生你的气，最近你经常问我你是不是依然漂亮，这让我觉得你没有安全感，是这样吗？也许我自己哪里做得不好，你是怎么想的？"

【微沟通 9】 避免使用绝对语言

所谓绝对语言，就是指诸如“从不”、“总是”、“从没有过”等这种表示绝对意思的话语。这些话大多不符合事实，但是人们在抱怨他人时很容易说出这样的话。比如“你总是板着脸”，可能对方是因为心情不好，所以最近才板着脸，而且他不可能“总是”。

甲：“你为什么总是迟到？”

乙：“我就最近迟到了几次好不好。”

甲：“听你这意思，你迟到的次数还嫌不多了？”

乙：“你要这么想我也没办法，跟你真没法沟通。”

甲：“你迟到倒是你有理了……”

可以看出，人们之间的冲突很多时候就是因为使用了绝对语言。因此在沟通时，要尽量少用这样的绝对语言，那样可以使你与他人的沟通出现更少的冲突。

【微沟通 10】 借他人之口说出自己的话

有时候，直接对对方说一些话会有些不好意思，或者可能伤害彼此的关系。这时候，一种方法就是借别人的口说出这句话来。比如一个男生希望自己的女友胖一点，于是他们有了下面的对话。

女："最近竟然有人说我太瘦了。"

男："嗯……其实我有几个朋友都这么说过。"

女："啊？真的吗？"

其实，这个男生自己也觉得女友太瘦了些，但如果他直接告诉女友他觉得女友太瘦的话可能会伤害到他们的关系，而他借别人之口说出来则没有这个风险。

【微沟通 11】 建立同理心，需要养成这样的思考习惯

人们之间出现冲突和误会，最重要的原因就是缺乏同理心，每一方都坚信自己是对的。当然这是人的自然的倾向，人总是习惯于给自己找理由。

有一种简单但有效的建立同理心的方法，就是要求每个人在面对分歧时要考虑到以下几个角度：

- 我对你错：也就是说我是对的，对方是错的，这也是人的自然的倾向。
- 我错你对：找理由证明自己是错的，别人是对的。这种方式需要一个人的勇气，但是你必须意识到这样一点：每个人都认为自己是对的所以才会有争执。因此你要努力试着这样做，才能真正理解对方的出发点。
- 你我都错，也都有对的地方：很多时候大家都有部分道理，大家也都有不对的地方。
- 这件事不重要：有时候双方会为一件不重要的事而争执，从而伤害了关系，因此需要判定我们正在争执的这件事本身是否重要。

一旦养成从这四个角度看问题的习惯，你就会发现自己的同理心能力越来越强。开始会有难度，不过一旦你养成习惯之后，会给你与他人的沟通带来很大的益处。

【微沟通 12】 打断连接，重新开始

有时如果双方在一个问题上争执不休，也许较好的方法就是先不要再讨论这件事，转移注意力。

一位客户喋喋不休地抱怨着某公司的服务。

"你去过天安门吗？"销售员小张冷不丁这么一问，客户一愣，中止了喋喋不休。

小张接着说：“那里的广场可是世界上最大的，视野十分开阔，还有……”最后再引到想要表达的事物上来。

通过打断连接，可以让客户在惊愕之余停止抱怨。同时，通过打断客户原有的连贯思维，将你的信息导入他的潜意识里，让他体会你说到的情景。

在使用打断连接的时候注意选择时机和对象，以免给客户造成你不在乎他的印象，从而影响到以后的合作。

【微沟通 13】如果一个人愤怒地闯进你的办公室

如果你发现有人愤怒地闯进了你的办公室，或者有顾客怒气冲冲地走到你的柜台前准备和你大吵一架，这时候你应该怎么办才能减少对方的怒气呢？

首先，你应该从办公桌后面走出来；其次，走出来时可以稍微弯下自己的身体，这样会使对方显得更加高大。在这样做的同时，摊开自己的手掌，这样可以表示自己的真诚，并向对方和颜悦色地解释。遵循这样的步骤，很可能就会使对方的怒气立刻消减一些。

【微沟通 14】在柔软的环境下不容易起冲突

容易与他人起冲突的人性格都比较“硬气”，而那些不容易和别人起冲突的人性格则比较“柔软”。“硬”和“软”的说法看似是比较形象的说法，却也是非常有道理的说法。

心理学研究发现，接触柔软的事物会使人的脾气也软下来。因此，如果你害怕和对方沟通时起冲突，就可以选择一些周围有柔软物体，或者可以接触到柔软物体的地方。

比如，坐着时可以选择坐在沙发上或者坐在柔软的床边，站着时可以选择站在柔软的地毯上，或者选择在对方穿着比较柔软舒适的休闲装时沟通。在这时与对方沟通，你们之间起冲突的可能性就会小一些。

【微沟通 15】越是亲密，越是可以闻到对方在生气

在一般的理解中，生气主要是通过对方的表情和话语来表现出来的。不过一项有趣的心理学研究表明，也可以闻到对方在生气。

这项研究的心理学家找到了人生气时的味道，据说当人生气的时候，人

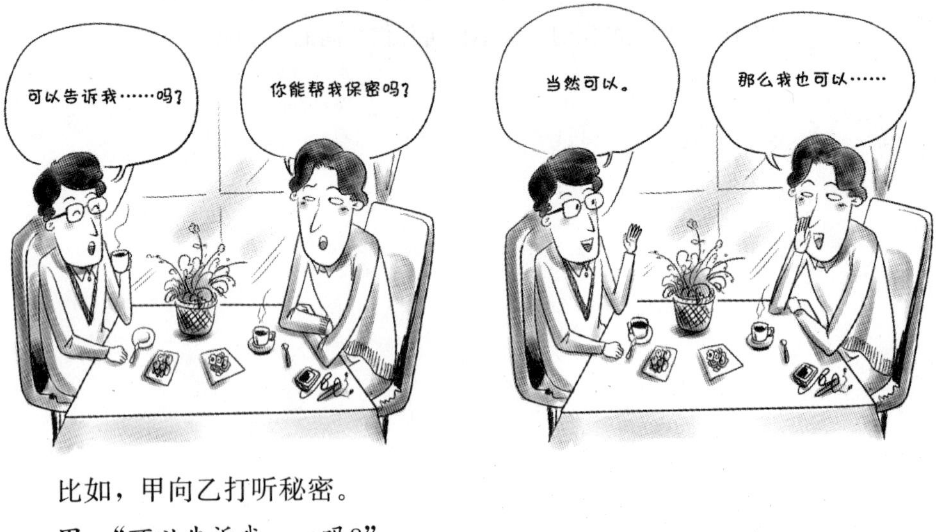

的腋下会分泌出相应的激素，这种激素的气味就是人的身体散发出的“生气”的味道。通过这种气味，旁人可以闻出自己的情绪变化。而且两个人关系越亲密，越可以分辨出对方的情绪气味。

所以也许你会说自己感觉到对方在生气，其实也许是你闻到了对方在生气。特别是当你们的关系比较亲密时，如果你感觉到对方在生气，你就要采取措施使对方变得不那么生气，以减少发生进一步冲突的可能性。

【微沟通16】 用沉默来应对冲突

当两个人吵架时，双方的情绪都会变得激动，这种激动会使彼此说出过激的话来，冲突就在彼此的这种过激言语中产生了。冲突的发生并不取决于冲突的发起方，更加取决于反应方，反应方如果采取合适的措施，就可以避免冲突的发生。

一种避免冲突发生的方法就是沉默，在发现彼此的言语变得过激、情绪变得激动时，选择沉默4秒钟，可以在沉默的同时平和地看着对方的眼睛。这时候对方的情绪往往就会冷静一些，就可以避免冲突的发生或者进一步的升级。

第 22 章

两性沟通，没有你想得那么复杂

男人和女人似乎是不同的物种，他们想从沟通过程中获得的东西以及沟通的方式都有差异。了解这些差异，将使你能更有效地与异性展开沟通。

【微沟通 1】男女沟通目的不同

沟通有很多作用，男女认为沟通有不同的作用。男性大多更倾向于认为沟通应该有明确的目标，沟通是为了阐述观点或者解决问题。女性则认为沟通更重要的是表达和分享感受，增进彼此的关系，而并非一定要去阐明一个观点或者提供解决方案。

因此，男性可能会奇怪女性为什么总有那么多话要说，他会在自己认为已经听明白问题所在时打断对方，并给对方提供自己认为有效的解决问题的方案。而女性则会说很多在男性看来细枝末节的感受，有时候女性对他人倾诉并不是为了寻找解决问题的方案，只是希望有人能倾听并理解她的感受。

可以说，男性的沟通在于提供或者寻求解决问题的具体方法，而女性的沟通则更多有提供和获得情感支持的含义在其中。

【微沟通 2】男女表达方式不同

因为沟通目的上的差异，因而男女的表达也有一定的差异。男性更加习惯于以"我认为"这样的句式开始谈话，这样的谈话更多的是表达自己的观点。而女性则更多以"我感觉"这样的句式开始谈话，这样的谈话意味着她更多的会谈到自己的感受。

在这个社会里，女性被定义为善感的、感情丰富的；男性则被定义为理性的、感情淡漠的。如果男性表达出太多感情会被认为没有男人味，甚至娘娘腔，这也造就了男女表达方式的不同。

【微沟通 3】当她感觉糟糕时

当女性感觉糟糕时，她需要通过与他人的沟通来明确自己的感觉，通过这种方式也发泄了自己的负面情绪。女性更加看重对方给自己提供的情感支持，这些情感支持主要包括理解和安慰。即使对方没有给自己提供有效的解决问题的方法也不重要，重要的是在对方的情感支持下她更有勇气去面对困难和挫折。

因此男性在女性感觉糟糕时，不要总是急于去寻找问题，安安静静地听她说，然后对她表示理解和支持，这或许比提供解决方案更重要。

但有研究表明，女性吐苦水太多容易感觉越来越糟。因此，女性也要适度控制自己吐苦水的心理。

【微沟通4】当他感觉糟糕时

和女性不同，男性感觉糟糕时会将自己隐蔽起来，减少与他人的接触和交流，变得更加孤僻。男性可能会避免与自己的另一半交流自己所遇到的困难，如果另一半反复询问，反而可能使他更加回避。

他会害怕另一半觉得自己没有能力面对困难，处理不好事情。这时候女性就要注意，如果男性没有主动要求你向他提供建议，那么你只需要多给他一些你善于的情感支持，给他信心就好。

这时候他并不是不信任你，更不是不爱你，只是他需要时间来自己面对困难，此时你要学会给他空间。

【微沟通5】一个拥抱胜千言

肢体语言很多时候都比有声语言更有力、更有效，特别是对女性来说，男性是视觉动物，女性则很在意触觉感受。这里一个典型的例子就是拥抱的作用，拥抱对于女性来说有很多好处，可以说很多时候一个拥抱可比千言万语。

拥抱可以促使女性分泌催产素，催产素可以促使女性分泌乳汁，加强与他人的情感联系。催产素还可以降低女性的压力水平。这就是为什么女性喜欢别人拥抱她的原因。

特别是当她感觉不舒服的时候，当她感觉悲伤和痛苦的时候，当她生你气的时候，有时候你说再多都没用，都比不上一个拥抱能安慰对方。另外，拥抱还可以增强你们之间的情感联系和信任感。当然，大多数时间这只是限于伴侣之间。

【微沟通6】要电话号码同时邀约

不管是你约见客户或者约女孩出去，在要到对方电话号码的同时，就应该及时向对方邀约。如果你没有及时邀约，很可能你就会发现，当你想邀约时，对方已经失去了兴致，转而找借口将你拒绝。即使在开始对方对你是有兴趣的，你这种拖延也会使你与对方错过沟通的良机。

因此，在得到对方的电话号码后就要及时邀约，最好不要拖延。更好的方式不是直接要对方的电话号码，而是向对方邀约，邀约成功后再顺势问对方的联系方式。

男："我想邀请你周日去看展览，你看如何?"

女："好啊，周日几点?"

男："下午一点开始。"

女："好的。"

男："那怎么联系你呢?"

女："135××××××××。"

男："记下了，周日见。"

女："周日见。"

这样的方式显得更加自然，而且避免了第一次要到号码而没有及时邀约错失良机的情况。这种方式不仅适合于邀约女孩，也适合于邀约客户。

【微沟通 7】 要学会吊异性的胃口

假如你喜欢上了一个异性，最好不要急于向对方明确表示你喜欢对方，那样做会降低你的魅力。要让对方感觉到你对对方似乎有些好感，但又不能确定你是否喜欢对方，这样有助于增加对方对你的好感。

也就是说在异性交往中，要学会吊对方的胃口，过于直接的表白会降低自己的魅力。比如当你准备约一个女孩子出去的时候，可以先这样告诉对方“我想约你出去，不过现在还不合适，我觉得自己还没有完全准备好”。

这样女孩就会不知道具体何时你会约她，吊起了她的胃口和期待心理。这样她就会不时想起你，这种不时想起你就会增加她对你的好感。不过，你需要注意的是，不要过头，因为过头了她也许就很容易失去兴致。一方面，不要急于邀约她，吊起她的胃口；另一方面，又要在她兴致没消失前及时邀约。

【微沟通8】单一声调说起话来更有男人味

声调的变化可以体现出一个人情绪的变化，可以让一个人说的话变得更加生动和富有感染力。但是，如果你仔细听的话就会发现，那些比较有权势的男人说话的时候却总是一个声调。

单一声调意味着这些有权势的男人一般情绪比较少于外露，有较强的控制能力。这同样代表了他们的强势、力量、权力等，那些用单一声调说话的男性往往拥有较高的地位。

因此在与人沟通中，为了使自己显得更有男人味、说的话更加有威信，可以适当地采取这样的策略，减少自己在与人沟通时的声调变化。

【微沟通9】莫让缘分误导了自己

缘分是一个源自中国文化，主要是佛教的说法。在与人沟通时，很多人都比较讲缘分，特别是女性在沟通中特别讲究缘分两字。但缘分只是一种美好的解释罢了。

比如，一个女性看到一个自己中意的男性与自己擦肩而过，她注意到了对方，而对方并没有注意到她，她可能就会解释为彼此有缘无分，转而放弃认识对方的努力。然而其实事情并不是那样的，她只要上前一步和对方搭一句话，或者想办法让对方注意到自己，他们就很可能变得有“缘分”了。

因此在人际沟通中，可以信缘分，但不能被动地等待缘分，因为那样只会让自己错过缘分。

【微沟通 10】太过体贴讨人厌

男生们单身的一个原因也许是你对女生太好，太过体贴了。怎么？难道女生喜欢对她不好的人？当然不是。问题是你不能对对方太好，不能一味地随着对方的性子，因为那样会显得你软弱、没有竞争力、缺乏男人味，这样的男性大多不怎么讨女生喜欢。

女生当然都喜欢体贴、对自己好的男性，但是一旦这种好过了头，一方面对方就容易觉得理所当然，另一方面会觉得男性很软弱。而这两点都会使对方渐渐离开“好男人”。

所以男性们要对女性好，但是一定要有自己的原则，记得不要对对方太好。要敢于提出与她不同的意见，有时要敢于独断，不要总是一味地迁就对方，因为那会使对方最终远离你。

【微沟通 11】不要说“是你决定的”

两个人在一起生活，需要共同地去克服生活中的困难。不过有时候夫妻之间会有意无意地说出一句话把责任全推到对方身上，这样说话很容易激起另一方的对抗反应，使夫妻之间产生矛盾。一句常说的话就是“是你决定的”。

丈夫："这个液晶电视真的不值，咱们应该买另一款的。"

妻子："嗯，但是是你决定要买这一款的。"

丈夫："什么叫'是我决定要买这一款的'，你当时也在场，你也没说什么。"

其实当夫妻两个人面对选择的时候，两个人都是有责任的。虽然可能是其中一方最后做出决定的，但如果另一方没有给予建议，那他其实也就做出了选择。他的选择是让对方选择，所以最终的选择结果两个人都有责任，而不能说"都是你决定的"，这样会拉开彼此的距离。

【微沟通12】夫妻间用"我们"来使夫妻关系更加亲密

"我们"将对方和自己归入到一个群体中，在说话中加入"我们"可以拉近彼此的距离。"我们"会让彼此的关系变得更具建设性，能使彼此的关系更具凝聚力。

比如，一个男性对他的妻子说："一谈到孩子教育，你和我就要吵架。"这句话的效果就明显不如说"一谈到孩子教育，我们就要吵架。"前面一句话说"你和我"把夫妻双方似乎看做对立的吵架双方了，而后面一句话说"我们"则强调了夫妻双方的一致性，那就是因为夫妻双方共同关心和负责孩子的教育问题，所以才因此吵架。

在夫妻双方的沟通中，多用"我们"可以提高夫妻双方对夫妻关系的满意度，使夫妻可以共同面对婚姻中所遇到的问题。

第 23 章

职场沟通，你做对了吗

职场沟通是日常沟通的重要方面，做好职场沟通是一个人职业稳定和发展的基本前提。

【微沟通 1】及时请示领导

准确接收到领导的指示，切不可自作聪明、自作主张、自以为是地知道领导要做什么。即使你真的很聪明猜到了领导要做什么，也要及时请示领导，因为是领导决定而不是你决定。如果你擅作主张，可能会被领导认为越权，这时候你与领导之间的关系肯定就会受较大的影响。

杨某是一个非常聪明的员工，在一次外出出差与客户的谈判中，他私自降低了商品的单价，以获取客户的大的订单。他这样做确实给公司带来了丰厚的利润，但是当他回到公司时，他这个“功臣”却很快被上级开除了。

所以，哪怕是对企业有明显好处的决定，也要及时请示上级，不可自作聪明、自己决定。那样做你就是越权，自然得不到上级的赞扬。

【微沟通 2】和上司谈话时关掉手机

在和上司谈话时，为了避免手机来电的影响，应该使自己的手机处于静音状态，或者关掉自己的手机。如果手机没有关，当电话打进来时应迅速关掉手机，而不是出去接电话。

小张刚到一家公司不久，上司找他谈话安排工作，由于小张没有关机，在谈话中碰巧有一个电话打进来，他对上司说了声“对不起”就到外面接电话去了，等他接完 10 分钟的电话后，上司已经不在他的办公室了。

过了一会儿小张再去找上司时，上司对他说：“你倒是挺忙的嘛，上班时间电话半天也接不完，我看这样吧，你还是回去接电话吧，免得上班影响了你接电话，你明天就不用来上班了。”

在与上司的谈话中，手机应该尽量关机。因为手机铃声一响，就会打断正在进行的谈话，影响上司的思路和情绪，更不要说出去接电话了。如果当着上司的面电话响，上司容易认为你对工作不够尽心，甚至有些上司还会认为上班时你却在用手机办自己的私事，从而对你产生不良印象。

【微沟通 3】不要说“这不在我的工作范畴内”

面对上级下派的工作任务，不要说“这不在我的工作范畴内”。因为上级要求你做什么，什么就是你的工作。你这样说，是对上级的直接挑战。即使你觉得自己没有能力完成或者实在不想做上级交代的事情，也不要说“这不在我的工作范畴内”这样的话。

你可以换个说法，比如讲明自己的能力有限还做不了，或者你可以说自己想更加专注于自己手头的工作，因为你想保持一个好的工作连续性。

老板：“小张，给你一项工作任务，你……”

错误回应：“这不在我的工作范畴内。”

老板：“那你从明天起不用来上班了，这样你就不用有不在范畴的工作了。”

正确回应：“王总，我可以先把手头上的工作做完吗？我想集中精力把手头上的事情先做好，我怕到时候自己两头担着，两头都做不好。”

老板：“你这么想也对，那你先把手头上的工作做完再说。”

总之，在任何情况下都要避免说“这不在我的工作范畴内”以及类似这样的话。

【微沟通4】不要说“这个时间内做完不可能”

不要对自己的上级说“这个时间内做完不可能”这样的话，这样的话只会换来一句“自己想办法”的训斥。而如果到时候你真的没有完成工作任务，又会使得你的上司进一步地训斥苛责你。

你可能会想，有时候上司可能确实没有了解清楚工作任务的难度或者所需时间量。即使这时候，你也要避免说“这个时间内做完不可能”，你可以做一个工作项目的计划，并把自己的计划拿给上级看，并详细解释每个阶段所需要的时间，这样尽力获得上级的理解。

凭着这份工作任务计划，你可以和自己的上司协商出一个更加合理的工作时间表。通过这种协商就可以改变自己先前的被动局面，之前你只是接受上级的工作任务期限，如果完成不了，那就是你的责任。如果你做出详细的工作计划表，并详细说明了所需时间，那么能不能在规定期限完成工作任务就成了你和上级共同的责任了。

【微沟通5】“行”还是“好”

“行”表示的是“许可”的意思，它的反面是“不行”。这一般用在别人借用自己有所有权的事物，或者自己是决策者的时候。而“好”则是没有太强烈的“许可”的意味。面对上级说话时，要尽量多说“好”。如果你要突出自己的决策者身份或者强调自己对某物的所有权，则可以说“行”。

上级：“小张，今天下午五点你去见一个客户。”

错误回应：

下属：“行，我知道了。”

正确回应：

下属：“好，到时候我准时去见。”

说“好”比说“行”好很多，因为去见客户是小张的工作内容，是他必须做的事。

【微沟通6】可能存在的问题要事前讲明

当你和别人合作或者帮别人做事时，要事前讲明你所要做的事情存在的风险和困难，不能等事情因为有些因素失败之后才去讲。如果在事前讲出了所要面临的困难和风险，就像是在请求对方帮助自己或者表明自己的责任是有限的。

然而，如果等事情失败之后才去讲事情本身存在的困难和风险，就容易给别人你在找借口的感觉，这时候即使你觉得自己很冤也没用。

因此，不管是上级交给你的工作任务还是朋友对你的请求，你都应该事前告知其事情失败的风险以及面临的困难。这样即使你失败了，只要对方认为你尽力了，你也可以得到对方的尊重，而不会被认为是找借口开脱。

【微沟通7】 避免用权力姿势挑衅上级

在与上级沟通时，下属的身体语言应该显得谦恭而专注。具体来说，下属要身体前倾，目光注视上级，并伴有点头的动作和微笑。避免使自己的身体语言给对方带去不好的感受。

一种对上级的地位构成挑衅的姿势被称为权力姿势，这种姿势一般只属于上级。一旦下属在上级面前做出这样的身体姿势，那就是对上级权力和地位的挑衅，自然会使上级不满。

权利姿势包括两种典型的动作，一种是双手叉腰式的动作，另一种是弹弓式的动作。双手叉腰式的动作一般是站着的时候容易出现的一种权力姿势，而弹弓式的动作则是坐着时容易出现的一种权力姿势。所谓弹弓式动作，就是两只手背在后脑勺处，身体后仰，有时还会将双脚搭在桌子上的动作。

【微沟通8】 既权威又礼貌的语言最有效

在上下级关系中，上级处于更有权威的地位，下级则处于较为弱势的地位。在上级对下级所说的话中，大多都有命令的意味，命令式的句子一般都采取肯定的句式，句式简洁明了，较少用语气词。

然而，大多数人不愿意老是接受别人的命令，因此上级对下级说话的时候，如果在展现出自己的权威的同时，体现出对下级的尊重和礼貌，会使表达的效果好很多。

比如，老板平时可能会对自己的秘书说："把这份材料再打印几份拿过来。"这种说话方式较有权威性，但缺乏了礼貌和尊重。如果这个老板对秘书这样说："你介意把这份材料再打几份吗?"这样的表达就加入了尊重和礼貌，秘书会感觉好很多，即使老板和秘书都知道这本质上还是一个命令。如果你是很有权威的上级，更应该考虑用这样的方式下命令。

【微沟通9】 让下属意识到自己工作任务的重要性

上级在向下属下达工作任务时，要适当强调工作任务的重要性，这样下级就更加可能完成好工作任务。

上级："小李，你这次去外地出差考察，考察结果将作为公司进一步开展业务的重要参考，这对公司未来的发展至关重要。"

下属："王总我明白，我一定会做好这次考察的，请您放心！"

在这次对话中，上级强调了工作任务的重要性。这样做有两个作用，一个作用是激发起下属的成就感，越是重要的工作越是可以激发人们的成就感；另一个作用是表达了对下属的信任感，因为信任才会交给下属重要的工作。这两方面都可以激发下属更好地完成工作。

【微沟通 10】给下属一定的自主权

上级对下属下达工作任务，要注意给下属一定的自主权。这一方面可以帮助上级更加省心，另一方面也可以促使下属更加努力地工作。

上级："咱们公司这次参加这个展销会很重要，我想把展位的布置、选择、主题等全权交由你负责，下周五的会议上，我要听取你的计划，至于预算我已经跟财务部通好气了。"

下属："谢谢张总的信任，我一定做好这次展销，好的，下周五前我一定会做好一份漂亮的策划案的。"

给下属自主权，会激发下属实现自己能力的愿望，也使下属觉得自己的工作更有价值，有一种为自己工作的感觉。给下属自主权，也体现了领导对下属的信任，为了回报这种信任，下属也会更加努力地工作。

【微沟通 11】扮演下属的助手

对下属下达工作任务后，并不意味着上级的任务就完成了，上级还需要及时监督和了解下属的工作进度。在下属面对困难时，及时给予帮助和指导，帮助下属完成自己的工作。

上级："小马，最近工作进行的怎么样？"

下属："遇到了些问题，我不知道应该如何……"

上级："嗯，这确实是一个经常会遇到的问题，我的建议是这样的……"

下属："谢谢您，韩总。"

上级并不只是下达命令就可以了，还要及时了解到下属工作中可能存在的困难，在必要的时候予以指导。下达命令谁都会，关键是能切切实实地在下达命令后有效地指导下属的工作，这样的上级才能使下属信服。在这样上级的领导下，下属也才会更加尽力地工作。

【微沟通12】允许下属提出疑问

上级并不是全知全能的，相反，针对自己的岗位和工作，每一个下属所知道的事情都比上级多。因此在涉及具体的工作领域时，上级要允许下属提出疑问，甚至不吝“请教”下属。

上级：“小王，你看我们采购哪家企业的产品好？你经常接触这些产品。”

下属：“张总，我觉得也许××的产品更加合适我们。因为……”

上级：“嗯，你的建议很中肯。”

允许下级提出疑问，甚至不吝“请教”下级，这可以使下级感受到被尊重，也感受到领导对自己的信任，这些都会促使下级更加努力地为工作付出。

【微沟通13】别让电话响太久

电话经常响太久没有人接听会给别人这个人不够干练、比较拖延的感觉。而如果一家公司的电话经常响太久还没有人接听，很可能会使对方产生很多不好的联想。比如这家公司的管理不好，连个电话都没有人接；或者这家公司的人手不足，人手不足可能意味着管理存在问题或者企业效益不好；甚至会怀疑这家公司是不是已经倒闭了。

如果一个公司的电话经常响很久没人接，会使打电话者对这家公司的管理和实力产生怀疑，认为这家公司这些小事也做不好，进而对公司的整体运营产生怀疑。如果是客户打的电话，甚至可能因此导致原本的合作计划泡汤。

因此，不管是对于个人还是单位来说，别经常让自己的电话响太久没人接，那样会影响他人对你的印象，并进而影响你们的沟通。

【微沟通 14】后挂电话表敬意

在与上司或者客户等人进行电话沟通时，应该避免自己先挂电话，应该等对方挂完电话后自己再挂电话，这样可以表达对对方的敬意。对长辈或者上司先挂电话，都是不太礼貌的。

正确的做法是等上司或者客户挂完电话听到嘟嘟声后，自己再轻轻地挂掉电话。

当然在挂电话之前，你可以礼貌地问对方是他先挂还是你先挂，一般情况下都要争取自己后挂电话。

【微沟通 15】等情绪平稳再接电话

在接听上级或者客户的电话时要让自己处于情绪平稳且自信的状态中，避免各种给自己的形象带来不利影响的因素。

比如当听到电话铃响时，若口中正嚼东西，不要立刻接听电话，应迅速吐出食物后再接电话。如果你接电话时口中还嚼着东西，一是会让你口齿不清，二是会让对方觉得你不尊重他。

再比如当听到电话铃响时，你正在和别人嬉笑或者争执中，可以先深呼吸几口气，迅速使自己的情绪平静下来再接听别人的电话，避免让自己的情绪影响到自己与他人的电话沟通。

【微沟通 16】饭前说正事，饭后联络感情

在日常的沟通中，人们习惯把很多事拿到饭桌上谈，特别是谈生意时，不少都是在饭桌上谈成的。那么，饭桌上的谈话应该怎样安排才能更有助于谈成生意或者达成共识呢？

首先必须明确一点，那就是吃饭后，因为胃消化需要大量的血液，血液大量地从大脑流向了胃，会使一个人的大脑思维能力下降，这时候人的大脑

就会变得稍微迟钝些。甚至有研究显示人在感觉有些饥饿时，大脑的运转效率是最高的。

因此在饭局谈话中要注意，在饭前脑子比较清晰时应该多谈正事，饭后脑子比较迟钝时可以选择联络感情。这样的安排更有利于谈成生意或者达成共识。如果谈正事需要时间长的话，可以先选择茶馆或者咖啡馆，谈完正事后再选择一家餐馆就餐。

第 24 章

面试沟通，也有门道

与面试官的沟通成功与否决定了面试能否取得成功，一个成功的面试的核心就是一个有效的沟通。

【微沟通 1】 应该如何回答“你介绍一下自己”

在面试开始时，面试官问的第一个问题往往就是“你简单介绍一下自己”，这几乎是每个面试都会问到的第一个问题。那么，应该如何回答这个看似简单而又重要的问题呢？

具体来说，介绍自己时应该主要包括自己的工作经历、工作成就以及个人特长，着重介绍你所面试的职位所需要的相关工作经历、工作成就、个人特长以及自己的求职意向。内容上要简练但不单薄，要有可以吸引面试官的亮点，可以用一两分钟着重介绍自己认为自己比较出彩也比较符合自己所面试职位要求的一段经历，介绍自己时要保持开放且自信的肢体语言。

在自我介绍时，避免做扩展，只要比较梗概简要地叙述自己的基本情况就行了，不要说的时间过长（比如超过十分钟），也不要说的时间太短（比如一两分钟）。避免介绍自己的业余爱好，安排好时间，避免头重脚轻、匆忙结束。

【微沟通 2】 应该如何回答“谈谈对本公司的看法”

在面试时，面试官经常问到的一个问题就是“请你谈谈对本公司的看法”，这个问题需要你提前对这家公司做一定的了解。如果你不能很好地回答这个问题，说明你根本没有做好面试准备，或者你对这家公司没有兴趣。

因此，无论你应聘的是这家公司的什么职位，不管是中层管理者还是基层员工，你都需要先对这家公司做一定的了解，然后你在回答这个问题时才能做到有话可说。

如果你能让面试官意识到你在面试前对这家公司已经有了较多的了解，这可以很好地增加对方对你的好感，让对方觉得你对这家公司是感兴趣的，从而最终为你的整个面试加分。

【微沟通 3】 应该如何回答“你为什么要换工作”

在面试时，面试官常常问到的另一个问题就是“你为什么要换工作”。在回答这个问题时，应聘者要格外小心，很多人就因为这个问题没有回答好而失去了工作机会。那么，应该如何回答“为什么换工作”的问题呢？

你可以说发现原单位的发展空间有限，或者说自己现在的工作做得也不错，但是自己的兴趣其实一直在所要应聘的工作方面。总之，避免给对方你做不好现有工作转而辞职的感觉。

不要回答自己做不好原有工作、工资低、工作太累、和同事以及领导搞不好关系等。因为有些能力是做任何工作都需要的，比如时间管理能力、人际关系能力以及抗压能力。如果你不具备这些能力，你的大部分工作都做不好，所以要避免有此类回答。也不要抱怨原有的单位，没有公司喜欢爱抱怨的员工。

【微沟通4】 应该如何回答“你为什么选择我们公司”

接下来的一个问题往往就是“你为什么选择我们公司”，在回答这个问题时，要基于你对这家公司的了解，并结合自己的求职意向以及未来的职业规划，使面试官相信你与所要应聘的职位比较契合。

具体来说，你需要从行业、这家公司的实力、岗位等角度阐述自己为何选择这家公司，并且结合前面说到的自己的求职意向，让面试官意识到你明确自己所要面对的工作。

比如可以说：“我一直在从事这个行业，也看好这个行业的发展前景，贵公司近几年的发展势头很好，也十分重视人才，因此我想进入贵公司谋求更好更大的发展，我也相信我一定能做好。”

【微沟通5】 应该如何回答“你是否有相关工作经验”

在你表达了对你所要面试职位的兴趣之后，面试官就该开始考察你是否适合应聘职位了，于是就会问“你是否有相关工作经验”。

如果你有相关工作经验的话，你就应该毫无保留地向对方提出来。然而如果你没有相关的工作经历，也不能直接说自己没有。你可以从应聘职位所需要的能力结构入手，让面试官意识到，你虽然没有相关工作经验，但你具备相应的能力条件。

比如你之前是做销售的，你应聘的是人力资源管理的工作，你就可以暗示面试官，自己在销售工作中练就了比较好的人际交往以及识人的能力。而这些能力对人力资源管理的工作来说，也是核心能力。

【微沟通 6】 应该如何回答“你都有哪些爱好”

在面试时，面试官有时候会问到“你有什么什么兴趣爱好”。从一个人的兴趣爱好可以看出一个人的追求和性格特征，这是面试官问应聘者兴趣爱好的主要原因，面试官自然对应聘者有何兴趣爱好本身并不感兴趣。

在回答这个问题时，首先，不要说“没什么兴趣爱好”，那会显得你是一个比较呆板无趣的人；其次，不要说自己有一些让人感觉到怪异甚至不舒服的爱好，比如爱好文身、爱好看色情片；再次，不要将自己的爱好仅局限于室内，那样会显得自己不善社交。

在说爱好的时候，一方面要避免自己的爱好与所面试职位有冲突，另一方面要突出自己的爱好与所面试职位的相关性。因为面试官并不关心你有什么爱好，他只关心你能不能做好自己的工作。

【微沟通 7】 应该如何回答“你有什么缺点”

有时候，面试官会问应聘者“你有什么缺点”这个问题一来考验了面试者的自我认知，二来也是看面试者是否缺乏一些基本的能力或者职位要求的能力。

因此在回答这个问题时，最好不要回答“没有”，因为是人都有缺点，如果回答“没有”，会显得你不诚实。但你也不能让你的回答使面试官觉得你不具备所面试职位要求的能力，要避开这个雷区。

正确的回答是“有”，但却是无关紧要的缺点，而你显得似乎很看重这个缺点。比如你可以说：“我的缺点在于我太关注细节了，有时候忽略了从整体的角度看问题，我现在意识到了这个问题，正在尝试调整中。”

【微沟通 8】 应该如何回答“你还在哪里应聘过”

当面试官问你“你还在哪里应聘过”时，这时候不要说“没有”，不要掩饰，可以直接说出自己所面试的单位名称。但要注意一点，就是你所应聘的职位要有一致性，不能在不同的单位应聘不同的职位，那会使面试官对你产生不好的看法。

当你说出的应聘单位较多时，其实也是在暗示面试官你比较受欢迎，越是有更多公司要你，面试官就会越珍惜你。而且在说出其他公司的名称时也会显得你更加真诚可信，这也可以给你加分。

但要注意一点，就是在说到其他公司时不可过于详细，只需要简单提到就好。

【微沟通 9】 不要说“我讨厌现在的老板”

在面试的时候，千万不要抱怨现在的老板或者工作，因为没有企业愿意招聘喜欢抱怨的员工。而且当你对面试官说“我讨厌现在的老板”时，面试官可能会怀疑你以后什么时候也会对别人抱怨他。

面试官：“你为什么决定辞掉现在的工作？”

应聘者：“我讨厌现在的老板。”

面试官：“嗯，我们公司不喜欢爱抱怨的员工。”

在任何时候，都要尽力避免在面试官前抱怨现在的工作，即使是小小的抱怨也要变成对你所要应聘公司的赞美，但要记得不可过多赞美，那样会给别人你趋迎奉承之感。可以说一些诸如“我想我更愿意来您这边上班”之类的话。

【微沟通 10】 不要说“休假是怎样安排的”

在求职面试中，如果你问面试官“休假是怎样安排的”这样的话，这给对方的印象是你并不是一个对工作很专注的人。特别是在面试没有进行很深入的时候就开始问这个问题，会给面试官带去极为不好的印象，甚至会联想到你是一个好吃懒做的人，这样的人没有企业愿意招聘为自己的员工。

相反，你要尽力给对方你是如何地专注于工作的印象，你应该多去问关于工作的事。等问完关于工作的事情之后，最后再比较含蓄地问福利和报酬的问题。要避免在一开始就问面试官休假的问题，正确的问法可以参见以下对话。

应聘者："我对这个职位之前有所了解，不过还是希望您能详细介绍一下这个职位的具体工作？"

面试官："你先说说自己的了解。"

应聘者："据我了解……"

面试官："嗯，是这样的，这个职位具体负责……"

等你觉得自己已经通过了面试官的重重考验之后，面试官有时会主动告诉你相关的福利待遇问题。如果他没有说明，你可以继续再问他。

应聘者："您能告诉我关于福利待遇的情况吗？"

一定要避免直接问"休假是怎样安排的"这样的话。

【微沟通 11】应该如何回答"你取得了哪些工作成绩"

面试官在面试中常会提到的一个问题就是"你在之前的工作中取得过哪些成绩"，这个问题一般是在你过了基本考核之后的进一步考核时会问到的，问这个问题的核心内涵在于面试官通过你的回答想知道你是否可能在所面试的工作中也会取得一些成绩。

因此在回答这个问题时，要着重回答那些可以体现所面试职位需要的能力的成就，要注重介绍自己的成绩而不是自己所在团队所取得的成绩，要尽量列举具体的事例和数字而不是泛泛地说"做得很好"。

介绍的时候要有重点，先把自己的整个成绩大致过一遍，然后将与所面试职位较为相关又比较出彩的成绩着重地介绍一下。介绍的成绩一定要能体现出自己的能力，这些能力最好也是所面试工作需要的。

【微沟通 12】应该如何回答"你是应届生，你觉得自己可以胜任这份工作吗"

如果是应届毕业生，在面试的过程中，可能会遇到这样一个问题，面试官可能会说“你是应届生，你觉得自己可以胜任这份工作吗”。问这样的问题并不意味着面试官真的在乎你是应届生，如果在乎的话，你们之间的谈话早就结束了。

很多面试官只是想通过这个问题发现应聘者应对挑战的心态和能力，以及对自己是否有信心。因此，这个问题的关键在于应聘者应该如何回答。

应聘者可以这样回答：“作为应届毕业生，我确实比较欠缺工作经验，因此在读书时我一直利用假期在做兼职。我发现现实的问题比书本上所讲要复杂很多，通过做不同的兼职，我锻炼了自己在现实中学习解决问题的能力，我觉得在做新的工作时，也需要这样的能力，因此通过自己的不断学习，我一定能够胜任这份工作。”

【微沟通 13】 应该如何回答“你将如何开展自己的工作”

面试官有时会问应聘者“如果我录用你，你将如何开展自己的工作”，这是考验应聘者对所应聘工作的了解程度以及计划能力，因此这个问题要小心回答。

如果应聘者对所应聘职位缺乏详细的了解，最好不要直接说出自己开展工作的具体方法，否则会暴露自己对所应聘职位的无知，而且还会给别人留下不诚实的印象。

可以采取一种万能回答模版来回答此类问题，比如：“我会首先听取上级的指示，然后自己再详细了解一下具体的情况，接下来制定一份详细的工作计划报上级批准，最后严格按照计划完成工作任务。”在这样说的同时，还可以适当加入一些自己对工作的了解，但要注意不可根据自己的揣测乱下结论。

【微沟通 14】 应该如何回答“与上司意见不一致怎么办”

面试官时常会问到的一个问题是“假如你与上级意见不一致怎么办”，这样的问题一来可以考验面试者是否具备服从上级命令的品质，另一方面也可以考察面试者是否有主见。

最好不要直接说“肯定服从上级了”，这样的话虽然显得你有很好的执行上级命令的品质，但是显得缺乏主见。当然更不能说“坚持自己的看法”，这样的员工没有公司愿意要。

那么怎样既能显示自己有较好的执行上级命令的意识，又能显出自己有主见的品质呢？更好的回答方式是："我会根据我所了解到的情况，给上级以必要的解释和提醒，然后服从上级的决定。"

【微沟通 15】 应该如何回答"谈谈你的失败经历"

面试官有时候会让应聘者谈谈自己的失败经历，从这个问题中，面试官可以看到应聘者对失败的态度以及应聘者的抗压能力。那么，应聘者应该如何回答这个问题呢？

首先，应聘者不能说自己没有失败经历，这样说会使应聘者显得不真诚；其次，更不能将那些明显的成功说成是失败，这样说会显得应聘者虚伪狡猾；最后，所说的失败经历不能联系到你可能在所面试的工作中经历失败，也就是说你所说的失败经历不能显示出你不具备做好所面试工作的能力。

在阐述自己的失败经历时，应暗示面试官自己失败是因为客观的条件所致，而不是自己不努力。并且，要多向面试官讲述自己是如何从失败中学到东西以及迅速走出失败的阴影。这样，你讲述失败的经历本身就变成了讲述自己如何成功地从失败中走出的经历了。

【微沟通 16】 应该如何回答"我们为什么要录用你"

面试官有时候会直接问应聘者"我们为什么要录用你"这样的问题，面对这样的问题，应聘者就要学会转换自己的视角，从面试官的角度来看问题，仔细想想面试官需要你具有什么样的品质。

一般来说，面试官希望应聘者一是要能胜任自己的工作，二是对这份工作有兴趣，三是有足够的信心做好这份工作。

因此在回答这个问题时，就要同时展现自己这三个方面的特质。比如可以这样说“我符合贵公司的招聘条件，具备胜任这份工作的能力和技能，再加上我良好的学习能力和适应能力，我相信自己一定能胜任这份工作。我十分希望进入贵公司，希望贵公司给我这个机会。”

【微沟通17】 应该如何回答“你期望薪水是多少”

当面试进行到一定的程度后，面试官就会问你“你期望的薪水是多少”这个问题。这时候你的回答就要针对这个行业以及这个职位平均薪水水平做一个估值，不能太低也不能太高。你的期望薪水说得过低，会使你显得没有自信；如果说得太高，则表明你可能不了解情况。

比如可以说：“根据我对这个职位的了解以及自己的能力水平，我期望薪水可以达到 x 和 y 之间。”这个浮动范围不可过大，因为过大相当于没说；也不可太小，也许对方的薪水水平与你说的正好相差一些。

如果你实在不了解情况，可以说：“我现在更关注工作的问题，我相信自己付出多少就会有相应的回报的。”如果你心中确实有一个明确的数目，这是在你有相当了解之后得出的数目，也可以直接说出自己的数目，这样会显得自己的目标明确、比较干练。

【微沟通18】 应该如何回答“你还有什么要问的吗”

在面试结束之前，很多面试官都会问应聘者“我基本问完了，你看你还有什么要问的吗”。面试官问这个问题主要是看你是否针对这次面试或者这家公司做了充分的准备，以及你对这家公司感兴趣的程度。

因此面对这个问题，最好也不要说“我没什么问题了”，可以借这个机会表达自己对进入这家公司的期盼。比如可以问：“请问如果我被聘用的话，何时可以上班?”这样一个简单的问话就可以表现出自己对这份工作的期盼，往往好于什么都不问。

面试官问“你看你还有什么要问的吗”不仅仅是一种客套，也给了你一个开放谈话的机会。你提出的问题越有深度，就越可以获得面试官的好感，表明你认真了解了这家公司。比如，你可以说“我有关注我们公司的新产品，我认为……”但要注意，不可说得太多。

机工经管读者俱乐部反馈卡

完整填写本反馈卡将可以参加幸运抽奖

每月我们将会抽出10位幸运读者，免费赠送当月新书一本

加入俱乐部，将会收到我们定期发送的新书信息

获奖名单将公布在 http：//www. Golden-book. com 及 http：//www. cmpbook. com 上

个人资料

姓名：__________性别：□男　□女　年龄：__________

E-mail：__________　联系电话：__________

传真：__________手机：__________

就职单位及部门：__________　职务：__________

通讯地址：__________　邮政编码：__________

单位情况

单位类型：

□国有企业　□私营企业　□政府机构　□股份制企业

□外资企业（含合资）　□集体所有制企业

□其他（请写出）__________

单位所属行业：

□食品/饮料/酿酒　□批发/零售/餐饮　□旅游/娱乐/饭店

□政府机构　□制造业　□公用事业

□金融/证券/保险　□农业　□多元化企业

□信息/互联网服务　□房地产/建筑业　□咨询业

□电子/通讯/邮电　□其他（请写出）__________

单位规模：

□500 人以下　□500—1000 人　□1000—2000 人　□2000 人以上

关 于 书 籍

1. 您购买的图书书名：____________ ISBN：____________
2. 您是通过何种渠道了解到本书的？

   □报刊杂志 □电视台电台 □书店 □别人推荐 □其他____________
3. 您对本书的评价

   内容 □好 □一般 □较差

   编排 □易于阅读 □一般 □不好阅读

   封面 □好 □一般 □较差
4. 您在何处购买的本书

   □书店 □网络 □机场 □超市 □其他____________
5. 您所关注的图书领域是：

   □投资理财 □人力资源 □销售/营销 □财务会计

   □管理学与实务 □其他____________
6. 您愿意以何种方式获得我们相关图书的信息？

   □电子邮件 □传真 □书目 □试读本
7. 如果您希望我们发送新书信息给您公司的负责人，请注明所推荐人的：

   姓名____________ 职务____________ 电话____________

   地址______________________________ 邮件____________

感谢合作！请确认我们的联系方式

联系人：董琛

地址：北京市西城区百万庄大街22号机械工业出版社经管分社

邮编：100037

电话：010－88379081

传真：010－68311604

电子邮箱：cmpdong@163.com

登记表电子版下载请登录：

http：//www. golden-book. com/clubcard. asp 或 http：//www. golden-book. com

敬请惠赐名片，谢谢！